IRRWICHTEL IM ISARWINKEL

Allitera Verlag

Bayerische *Landpartien*

Originalausgabe Mai 2022
Allitera Verlag
Ein Verlag der Buch&media GmbH München

Projektleitung: Dietlind Pedarnig
Satz: Johanna Conrad
Umschlaggestaltung: Franziska Gumpp
Gesetzt aus der Avenir und der Active
Printed in Europe · ISBN 978-3-96233-309-6

Allitera Verlag
Merianstraße 24 · 80637 München
Fon 089 13929046 · Fax 089 13929065

Weitere Publikationen aus unserem Programm finden Sie auf
www.allitera.de
Kontakt und Bestellungen unter info@allitera.de

Andreas M. Bräu / Lena Havek

IRRWICHTEL IM ISARWINKEL

20 sagenhafte Familienausflüge zwischen Mittenwald und Bad Tölz

Allitera Verlag

Inhalt

Die sagenhaft schönen »Sackgassen« entlang der bayerischen Lebensader

Die Isar – Lebensader Bayerns. Ist sie nun (weiß-)blau, türkis oder doch eher grün? Alles zusammen! Ein schillernder Wasserlauf, dem auch das Sonnenöl und Bratfett des Millionendorfs wenig anhaben kann. Die Isarauen jedenfalls gelten als die grüne Lunge der Landeshauptstadt. Doch schon lange zuvor, weit flussaufwärts ab Wolfratshausen, dient sie als eine Art Gratis-Wasserpark zu Vergnügungszwecken, bevölkert von mindestens genauso vielen Huchen und Nasen (ja, die heißen so) wie menschlichen Partyfreunden. Spätestens rund um den Flauchersteg gilt sie eher als die bayerische Karibik, deren Fluten noch mehr Biertragerl kühlen als Badenixen, bevor sie sich bei Landshut ganz behäbig braungrau gibt. Doch auch die Isar hat einmal klein angefangen, und zwar ein paar Kilometer südöstlich der Tiroler Grenze.

Der exakte Isar-Ursprung ist dabei ähnlich umstritten wie die Herkunft ihres Namens. Lange war man der Meinung, dass man es mit einer der wenigen Ortsbezeichnungen zu tun hätte, die uns von den Kelten geblieben sind. Demzufolge würde sich ihr Name »die Reißende« aus den Worten reißend (= »Ys«) und Wasser (= »Ura«) zusammensetzen. Jüngere Forschungen deuten aber eher auf die indogermanische Sprachwurzel »Is« oder »Es« für (sich bewegendes) Wasser hin, die wir heute noch im »Eis« hätten und die sich auch in den ähnlichen europäischen Flussnamen Jizera (Tschechien), Isère (Frankreich), Ijssel (Niederlande) oder Eisack / Isarco (Südtirol) fände … Auch hübsch. Am schönsten ist es, wenn Sie im Kreise der Lieben die Aussprache üben und lautstark »Is«, »Ys«, »Es« und

»Jizera« rufen. Der Witzigste hat dann gewonnen. Doch keine Sorge, hier soll es nicht um Sprachwissenschaft gehen, in diesem Buch gibt es genügend Tipps für ziemlich ungefährliches Isar-Bewundern.

Diese Reihe richtet sich vorwiegend an Familien. Wie auch im Vorgängerbuch »Zwergenspuk im Zugspitz-Land« verknüpfen wir hier Sagen und Legenden mit ganz realen Wissensschmankerln und Anekdoten aus der vielfältigen Geschichte Oberbayerns. Eltern wissen es: Die Begriffe »Ausflug« oder »Wandern« allein rufen oft keine Begeisterungsstürme hervor. Wenn man die Natur allerdings belebt, mit Gestalten aus der reichen Fantasie unserer Vorfahren bevölkert, dann sieht die Sache schon ganz anders aus. Wir bieten Wissenswertes am Wegesrand, unterhaltsame Geschichte(n) zum Erwandern, Spaß ebenso wie nützliche Tipps und eine kleine Portion Grusel. Denn im Isartal gibt es neben versunkenen Dörfern und Dämonen, Irrlichtern und Wichteln auch Wetterhexen, Moosweiberl, romantische Ruinen, Goldquellen, ein schauriges Spukgrab und einen Schlupfstein, selbstverständlich die Isarnixe … und hey, im Lenggries der Barockzeit waren sogar schon die Zombies unterwegs!

Mit ihren insgesamt 229 Kilometern Länge fällt es schwer, einen einzigen Lieblingsplatz an diesem bayerischen Traumgewässer zu benennen. Weil die Isar spätestens ab Wolfratshausen aber wirklich recht reißend wird, haben wir uns auf ihre Kinder- oder besser Teenagerstube konzentriert: die von Bergen umgebene, abwechslungsreiche Landschaft des Isarwinkels. Er ist durch seine Geografie ganz automatisch vor Ballermann-Gedrängel geschützt: So gibt es beispielsweise nach Krün und Wallgau keine Bahnverbindung, zum Sylvensteinspeicher führt von Süden her nur eine (wenn auch wunderschöne) Mautstraße. Dabei eröffnen sich zwischen Karwendel und Benediktenwand verborgene Perlen wie das Rißtal und die Jachenau …

Doch zuallererst erzählen wir die vielen Geschichten rund um die große, offen dahinfließende Isar in der Mitte. Dabei fassen wir den

Begriff Isarwinkel etwas weiter: Statt erst bei Wallgau, wo die Isar mit einer dramatischen Kurve in den »offiziellen« Winkel startet, beginnen wir unsere Erkundungen schon in Mittenwald samt doppeltem Grenzübertritt nach Tirol. Hier ist die Isar noch jünger – und für ein junges Publikum ist auch rundherum unverzichtbar viel geboten.

Besonders reich ist der Isarwinkel übrigens an Klammen. Es gibt derart viele Felsspalten und Schluchten, dass man die Kobolde förmlich von Klamm zu Klamm springen sieht. Da outen wir uns jetzt als ganz große Klamm-Fans, denn so eine Klamm ist nicht nur die Heimat vieler Kobolde, Wasserfeen und Steinmanndln, sondern schützt auch vor Sonne und neugierigen Blicken und überhaupt. Ob kleines Kieselparadies oder kolossaler Katarakt – tatsächlich hätten wir jede einzelne Tour mit einer eigenen Klamm krönen können. Aber wir haben uns zusammengerissen und uns auf ein Best-Of konzentriert, damit dem Leser nicht – na? – klar: klamm wird.

Wir hoffen, dass wir mit unseren Ausflugsvorschlägen bei allen Altersgruppen für Aha-Momente sorgen, dass wir einen Einstieg in Historisches und Sagenhaftes liefern und dabei tolle und so gar nicht langweilige Ausflüge für Groß und Klein beschreiben. Und damit euch auch bei längeren Aufenthalten im Isarwinkel niemals die Ideen ausgehen, haben wir aufgestockt: Statt 15 wie beim »Zwergenspuk im Zugspitzland« gibt es diesmal sogar ganze 20 Touren!

Andreas M. Bräu & Lena Havek,
Frühjahr 2022

Hinweise vorab

Tourenlänge

Kinder gehen nicht zielstrebig von A nach B. Sollen sie auch gar nicht! Gerade bei unseren Ausflügen gibt es doch ringsumher auf allen Seiten etwas zu entdecken. Deshalb beschränken wir uns bei Angaben zur Länge der Touren nur auf die Kilometer und Höhenmeter, nicht auf die Dauer. Wenn wir trotzdem mal Gehzeiten zur besseren Einschätzung angeben, bezieht sich das auf durchschnittlich fitte Kinder ab 6 Jahren.

Neu

Wir wissen, dass der Fitness-Level innerhalb einer Familie oder Freundesgruppe schwanken kann. Oft ist der eine (eventuell kurzbeinigere) Teil schon völlig erschöpft, während der Rest noch Kapazitäten hätte und unruhig mit den Hufen scharrt. Oder es regnet, sodass man früher abbrechen muss. Oder man hat die Windeln im Auto vergessen. Oder, oder, oder … Für diese Fälle haben wir die neue Kategorie »Extra-Tour« eingeführt. Hier finden sich Anregungen für Mitwanderer mit erhöhtem Bergauf-Bedarf. Alle unsere Touren beinhalten (Spiel-)Plätze oder (Picknick-)Stellen, an denen die eher bodengebundenen Wichtel derweil herumirren können.

20
ZONE
ZONE

AUSFLUG 1

Geiger, grausame Ritter und Goldfräulein

Spaziergang durch den Ort Mittenwald mit atemberaubender Aussicht und straffen sportlichen Einlagen. Im weltberühmten Karwendeldorf begegnen wir dem Geigenbauhandwerk, suchen dreierlei Erzfräulein samt ihrem Raubritterpapa, genießen ein stufenreich zu erklimmendes Panoramaplatzerl und felsiges Minigolf. Dabei immer im Blick: das grandiose Karwendelmassiv.

Tour: Einfache, flexibel gestaltbare Ortsrunde, kinderwagentauglich

Route: Vom Mittenwalder Kirchplatz aus sternförmig durch Untermarkt, Obermarkt und Gries samt Abstecher an die Puit und auf den Kalvarienberg

Dauer: 90 Minuten, kann auf einen Halbtagesausflug ausgeweitet werden

Anfahrt / Parken: Mittenwald liegt auf der Regionalbahnstrecke von München nach Seefeld, ist durch Busse aus dem Oberland angeschlossen und bietet diverse gebührenpflichtige Parkplätze, u. a. am Glagow-Park.

Startpunkt: Katholische Kirche Sankt Peter und Paul, Matthias-Klotz-Straße 2, 82481 Mittenwald

St. Peter und Paul und Blick auf die Ballenhausgasse

Dreh- und Angelpunkt ist in Mittenwald der Obermarkt, den die reich bemalte Pfarrkirche St. Peter und Paul markant abschließt. Im Schatten ihres Turms thront ein Ortspatron ohne Heiligenschein: Matthias Klotz (1653–1743). Diesem verdankt der Ort sein Alleinstellungsmerkmal weit über Bayern hinaus, das an der erzenen Statue gut erkennbar ist. Auf einem Holzschemel, quasi auf unfertigen Klangköpern sitzend, ist der Handwerker gerade andächtig dabei, an einer Geige zu schnitzen.

Da schnitzt er, der Klotz Hias.

Mittenwalder Geigenbau

Etwa 1685 brachte der berühmteste Sohn der Gemeinde nach Verschickung zwecks Fortbildung aus Padua seine Kenntnisse über das Lauten- und Violamachen nach Mittenwald, bildete kräftig aus, begründete eine Handwerkstradition und ließ diese in Mittenwald so erfolgreich gedeihen, dass sich die Zunft des Geigenbaus bis heute lebhaft hält. Davon erzählen das Geigenbaumuseum in der Ballengasse 3 mit moderner, ansprechender Ausstellung und die vielen erhaltenen Handwerkerstubn im Ortskern. Noch heute reisen Violinisten aus der ganzen Welt an, um sich in Mittenwald bei einem der Instrumentenbauer ihre Geige neu bauen, anpassen oder restaurieren zu lassen. Schließlich vertraute bereits einst Mozart auf seine Mittenwalderin an der Schulter (gemeint ist in diesem Fall – nur der Klarheit wegen – natürlich eine Geige). In der Nachfolge von Matthias Klotz bildet heute die Geigenbauschule Mittenwald die Instrumentenmacher aus. Damit klingt der ganze Ort seit knapp 350 Jahren im Geigentakt.

Do spuid eiso d'Musi! Unser Spaziergang führt uns durch die überschaubare Altstadt entlang lüftlmalereisatter Fassaden (besonders schön die Handelsszenen in der Hochstraße auf den Hauswänden der Nummern 4 und 6). Das massige Grau des Karwendelmassivs steht dicht vor uns und lädt zum Suchrätsel: Welche Zahl versteckt sich da unterhalb der linken Spitze gut erkennbar im Fels? Richtig! Der namensgebende Vierer in dunklen Spalten in der eigentlich grauen Nordwand der Viererspitze.[1]

[1] Die dunkle »Farbe« wird von Flechten hervorgerufen, die auf den Wasserrinnen des Kalkgesteins wachsen. Flechten sind ihrerseits äußerst sagenhafte Lebewesen – nämlich Symbiosen aus Pilz und Photobiont (Alge oder im Fall der Viererspitze Cyanobakterien), die sogar wochenlang im Weltraum überdauern können.

Lüftlmalerei von Franz Karner. Den Figuren stecken ein Splitter und ein Balken im Auge: ein neutestamentarisches Bild für falsches Richten.

Die Fassaden der zum größten Teil noch historisch erhaltenen Häuser (manchmal bis ins 15. Jahrhundert datierbar) erzählen in unterschiedlichen Motiven von der Marktgeschichte des Ortes. Wie viele Gemeinden im Werdenfelser Land verdankte auch Mittenwald im Mittelalter der Rott und dem Handels- und Durchreiseverkehr von Triest/Venedig bis Augsburg/München seine Existenz. Es wurden Herbergen sowie Pferdestationen angeboten und selbstverständlich lukrativer Wegzoll verlangt. Den daraus entstandenen Reichtum pinselte man selbstbewusst und demonstrativ – wie etwa in der Hochstraße oder der Ballenhausgasse – an die Hauswand.

An der Ecke (Hochstraße 16) lassen wir uns jetzt ein »Haller«-Eis schmecken und beginnen unsere Suche nach den …

… drei Arzfräulein

Drei oder eine Tochter hatte – der Überlieferung nach – ein berüchtigter, tyrannischer Raubritter, der die durchfahrenden Händler bestahl oder entführte und in seine mittlerweile verschwundene Burg am Arzgraben jenseits der heutigen Karwendelbahn verschleppte, um Lösegeld zu erpressen. Ein richtiger mittelalterlicher Mafioso quasi. In seiner Räuberburg türmte er demnach haufenweise Diebesgut auf und bewachte es. Noch mehr aber hütete er seine drei Töchter, für die kein Freier und kein Ehemann gut genug schien. Er versteckte seine Kinder und den Schatz in der Trutzburg, bis die Mädchen erkrankten und früh und verbittert jungfräulich verstarben. Der üble Ritter verfluchte seine Schätze, ein Erdbeben riss sogleich die Burg auseinander und begrub ihn samt seinen Schätzen und den toten Töchtern.

Jedoch war dies nicht das Ende des Ritters und seiner traurigen Kinder. In einen Drachen verwandelt hütet der eifersüchtige Vater noch immer seine Schätze in den Tiefen des Karwendels und die drei Töchter geistern als melancholische Arzweible oder Erzfräulein (Arz) mit den klingenden Namen Strutzimutzi, Sträußlifaißli und Steintot über den Arzgraben und weisen wohl ehrlichen und freundlichen Jungen und Mädchen den Weg zum verfluchten Gold des Vaters. Bis heute. Jedoch am Drachen und seinen Flammen zum ersehnten Schatz kam noch keiner vorbei.

(Nacherzählt von Andreas M. Bräu)

Diese drei gilt es zu suchen. Am Ende der Hochstraße treffen wir zwar kein Erzfräulein, dafür aber eine wahre Goldmarie oder besser gesagt eine Goldmartina. Dreifaches WM- und unzähliges Meisterschaftsgold hat sich Martina Glagow (heute verheiratete Beck) im Biathlon erlaufen und erschossen, weswegen der Ort seiner großen goldigen Tochter einen Park samt Wasserspiel gewidmet hat. Okay, hier finden wir zwar eine Goldheldin, aber kein Arzfräulein, also zurück durch die Hochstraße und linkerhand wieder in den Obermarkt. Hier, in das damalige Gasthaus »Post«, kehrte übrigens anno 1786 auch der Schutzpatron der Messingschildanbringer, Johann Wolfgang von Goethe, ein. Von Italien kommend hinterließ er wie immer der Nachwelt gleich noch einen Satz zu Mittenwald und – ganz ergriffen – zum Walchensee. Selbstverständlich kann man ihn auf einer Hausfassade verewigt entdecken …

Obacht bei Hausnummer 2 im Obermarkt! Übergibt da nicht ein junger Liebhaber von der Stafettenpost auf Freiersfüßen dem freundlichen Fräulein einen Liebesbrief? Ist das vielleicht das Arzfräulein? Wir kommen des Rätsels Lösung näher, also forsch am Gemeindebach entlang, vorbei an Trachten- und Tandgeschäften bis zum Maibaum am Dekan-Karl-Platz. Hier lädt immer freitags der Schützenverein Glagow-Fans und Feuerwütige zum Luftgewehrschießen ein.

Wieder zurückflanierend folgen wir der Matthias-Klotz-Straße und schauen dieses Mal in die äußerlich außergewöhnlich spätbarocke, innen hübsch und prächtig mit Fresken von Matthäus Günther ausgemalte Kirche Peter und Paul hinein. In den Kirchenbänken kommen wir bei unseren Ermittlungen weiter. Die historischen Namensschilder auf den Bänken bezeichneten jeder einheimischen Familie ihren Stammplatz zum Beten. Hier müssen sie gesessen haben, die Erzfräulein Strutzimutzi und Sträußlifaißli! Sie stehen hier zwar nicht wortwörtlich, aber vielleicht waren ja ihre bürgerlichen Namen Genovefa Wörnle oder Helena Wurmer … Wir suchen weiter. Stehen sie etwa einsam und traurig im angrenzenden Pfarrgartl?

Geigendenkmal »Baumgeige«

Nein, hier ist nur eine Lourdesgrotte und ein künstliches Bacherl zu sehen. Trotzdem ein verstecktes Kleinod!

Weiter geht's in Mittenwalds ältestes, historisches Viertel Gries, das mit einer 5 Meter hohen »Baumgeige« aufwartet. Die von den Brüdern Stefan und Bernhard Adam geschnitzte Skulptur schält sich aus einem Baumstrunk heraus und reckt ihren monumentalen Violinenhals dem Himmel entgegen. Das Kunstwerk ist bereits die zweite Erinnerung ans weltberühmte Mittenwalder Geigenhandwerk, nachdem die erste 2019 durch einen Blitzschlag zum Verstummen gebracht wurde. Jetzt kann man den Riesen wieder spielen und versuchen, die Drahtseilsaiten anzuschlagen.

Aha! Knöpft sich da nicht an der Fassade das Fräulein Steintot den Papa vor, um an Schatz und Mann zu kommen? Wieder nix. Lediglich Judith köpft den biblischen Holofernes im Breitbandformat. Gut verstecken tun sie sich schon, diese Arzfräulein. Respekt!

Also gut, weiter im Gries entlang, dann biegen wir zum Kurpark Puit (ehemals Brunnen) am Burgberg ab, wo Entenfamilien

Ins Tal düsen mit den Mountaincarts.

in Fontänen feiern und Kurgäste im Fuchsienfuror fetzigen Volksmusikweisen frönen (genug der Alliteration). Über das gepflanzte Mohrenköpfchen im Wiesenwappen lässt sich diskutieren. Erklärt wird es vor Ort.

Seit 1924 werden der Park und die gesamte Altstadt alle fünf Jahre im Sommer zurück ins 15. Jahrhundert versetzt, wenn der »Bozener Markt« vor einer Renaissancekulisse nachgestellt wird. Historisch machte der Streit zwischen Bozen und Venedig die Verlegung des Marktes von 1487 bis 1679 nach Mittenwald möglich. An diese Zeit des Wohlstandes für den Ort wird mit historischen Marktständen, Kostümumzügen, Artistik und Gaukelei erinnert. 2024 ist es wieder so weit mit dem überregional bekannten Mittelalterspektakel.

Zurück »in der Puit« können wir uns in die Wiese fläzen oder die Buckel herabrollen. Jüngere genießen hier vor allem den urigen Karwendel-Minigolfplatz, der sich in den Hang legt, von Felsen durchzogen, und schön gelegen unspektakulär spektakulär zum Spiel lädt.

Wir aber streben danach zu Höherem. Über 239 Stufen – vielleicht besser noch mal selbst nachzählen – gelangt man ausgeschildert hinauf zum Kalvarienberg samt Pestkapelle (hierher kamen wohl während der Pestpandemie zwischen 1470 und 1479 nur noch die Gesunden rauf), zum heiligen Grab (weder Drache noch Fräulein) und zur Kreuzigungsgruppe mit Jesus samt Schächern auf der Anhöhe nahe der Kranzbergbahn (siehe Extra-Tour 2). Angekommen stehen wir hier auf ziemlich genau 1000 Metern über Null – da lohnt sich doch der Treppensport für diese vierstellige Ankunft, oder? Die Sicht besticht ohnehin und hernach lohnt ein Abstecher in die »Kärntneralm« zu Frittatensuppe oder Spinatknödel. Von hier aus kann man mit dem Nostalgiesessellift gleich noch 200 Höhenmeter mehr mitnehmen und dabei bequem sitzen bleiben, auch bei der rasanten Abfahrt im Sitzen für Geschwindigkeitsjunkies von Kranzberg herab via Mountaincarts.

Wohlgestärkt lassen wir uns danach in den Ortskern zurücktreiben, können Schafwollklamotten, Speck oder Spielwaren shoppen oder unseren Spaziergang in den Untermarkt verlängern, wo am Fritz-Prölß-Platz das historische Floßimitat begehbar und hübsch gelegen an die Isarschifffahrt seit dem 12. Jahrhundert erinnert. Neben der »Baumgeige« bildet das Floß im Niedrigwasser einen zweiten Foto- und Verweilspot für Groß und Klein. Die ausladenden Beete mit exotischer Bepflanzung verströmen hier Meraner Flair. Weiter ginge es noch zum beschaulichen Friedhof mit seinen Grabmälern für Bierbrauer – aber leider nicht für Ritter.

Sodala. Jetzt haben wir zwar Geige, Goldmartina, Genuss und Gemeinde, aber keine Arzfräulein entdeckt. Diese verstecken sich wohl immer noch trauernd auf der anderen Isarseite beim Drachenpapa im »Goldberg«. Nun gut. Weiter geht die Jagd!

Flößerdenkmal

Extra-Tour 1

Wer den Fräulein näher kommen will, muss die Wanderschuhe packen und kann ab der Karwendelbahn-Talstation in Mittenwald in etwa 90 Minuten über gute 550 Höhenmeter auf die Mittenwalder Hütte über den Arzgraben marschieren. Dort oben soll sich die Burg und das Drachengrab samt Goldschatz verbergen. Auf jeden Fall lohnt sich die Aussicht über Mittenwald und bis zum Lautersee. Vorsicht aber vor Drachen und traurigen Mädchen …

Großer Spaß für kleine Füße mit Matschepampe! Barfußpfad am Kranzberg

Extra-Tour 2

Hinauf auf den Kranzberg – per pedes oder ganz beschaulich und in relativ geringer Höhe schwebend mit der nostalgischen Kranzberg Sesselbahn. Top-Tour für alle, die ständig ihre einzelnen Socken überall verteilen und mit allen Tretern außer vielleicht Gummistiefeln auf Kriegsfuß stehen: Hier braucht man gar keine. Auf dem Barfuß-Erlebniswanderweg am Kranzberg dürfen sich Zehen in die unterschiedlichsten Untergründe graben und Füße aller Nationen einfach so unterwegs sein, wie Gott sie schuf. Das klare Wasser des Lautersees wäscht sie hinterher wieder sauber! Und wenn wir schon mal da sind, dann bitte in jeder Quelle am Wegesrand gründlich nachschauen: Glänzt da vielleicht am Boden etwas? Etwas Gelbliches, Goldenes? Vielleicht ist es ja die lang verschollene Goldquelle, die von den Venedigermandln nur ausgewählten Zeitgenossen sichtbar gemacht wird …

Die Goldquelle bei Mittenwald

Es ist schon so lange her, dass sich kaum mehr einer daran erinnern kann, da hütete ein Hirte, der fast noch ein Kind war, nahe Mittenwald seine Schafherde auf einer hochgelegenen Weide im Karwendel. Als er mittags müde und durstig war, suchte er eine Quelle auf, die aus einem Felsen sprudelte. Er formte die Hände zu einer Schale, tauchte sie tief in das klare Wasser und wollte gerade daraus trinken, da sah er golden leuchtende Kiesel am Grund der Quelle. Er hob sie auf und erkannte, dass es sich dabei tatsächlich um Gold handelte. Rasch sammelte er auf, so viel er in seinen Händen tragen konnte, ließ seine Herde im Stich und rannte ins Tal hinunter zu den Bauern, die gerade bei der Heuernte waren. Aufgeregt zeigte er ihnen seinen Fund. Auch sie ließen alles stehen und liegen und folgten dem Hirten zu dem Felsen, aus dem die Quelle gesprudelt war und wo er das Gold gefunden hatte. Doch diese war verschwunden. Verzweifelt grub der Hirte zwischen den trockenen Kieseln, die sich an der Stelle befanden, wo vorher das kristallklare Wasser herausgekommen war; er konnte nirgends Gold finden, nicht einmal das kleinste Körnchen. Nur ein seltsames, boshaftes Gekicher war in der Luft zu vernehmen, so als verspotte jemand die erfolglosen Schatzsucher. Ein alter Mann aus dem Dorf, dem sie von diesem seltsamen Geschehen berichteten, meinte, dass es sich wahrscheinlich um Gold der Venedigermandl gehandelt haben müsse. Diese hätten tief in den Bergen riesige Mengen von Gold und Edelsteinen versteckt. Manchmal würde das Wasser im Berg etwas davon herausschwemmen. Das habe wohl der Hirte gefunden. Aber die Venedigermandl wollten von ihren Schätzen nichts hergeben und hätten darum sofort die undichte Stelle wieder geschlossen.

(Nacherzählt von Andreas M. Bräu)

Also benehmt euch und seid nicht gierig, wenigstens auf diesem Ausflug! Vielleicht findet ihr zum Dank ein bisschen Gold. Das gibt es in der Isar nämlich wirklich![2] Flussgoldtaler wurden besonders zur Zeit der Kurfürsten um 1800 herum geprägt. »Ex Auro Isarae« stand hier auf Lateinisch: »Aus dem Gold der Isar«. Dazu gab es auf der Vorderseite den jeweiligen Landesherrn und auf der Rückseite einen Flussgott beim Goldwaschen, im Hintergrund die Münchner Frauenkirche. Das Goldwaschen ist kein besonders mühsames, aber doch ein extrem meditatives Geschäft. Dagobert-Duck-ähnli-

---

2 Übrigens genauso viel wie in den anderen großen deutschen Flüssen Rhein und Elbe, und zwar 0,01 bis maximal 0,05 Gramm Gold pro Tonne Flusskies.

che Erfolgsgeschichten sind uns nicht bekannt, die Isar ist nun mal nicht der Klondike. Es gibt aber immer noch und immer wieder mal ein paar geduldige Zeitgenossen, die in der Isar auf Nugget-Suche gehen. Und wer weiß, vielleicht haben sie aus den Sagen gelernt und verraten ihr Finderglück einfach niemandem?

Lenas Tipp

Am Lautersee-Strandbad gibt es vorzügliche Kost, gute Drinks, Steckerleis UND einen Sprungturm! Wer vor dieser erhebenden Kulisse keinen »Hupfer« vom Dreimeterbrett wagt, der traut sich wahrscheinlich nie.

Dreimeterbrett und Dreikäsehoch am Lautersee

AUSFLUG 2

Mit dem Schnitzmesser zur Tiroler »Bodenalm«

Tierische Tour mit verliebten Schützen, Dämonenschutz und Schnitzarbeit: von Mittenwald via Scharnitz den Riedboden entlang zur »Bodenalm«. Mit dieser (Radl-)Tour schlagen wir uns an verschlungenen Bächen entlang über die Grenze nach Tirol und treffen Pferde, Esel, Arzweible und schockstarre Tiere, auf die scharf geschossen werden darf.

Tour: Rundweg, Schwierigkeitsgrad einfach, kinderwagentauglich (gute Bremse aber hilfreich), bietet sich mit dem Rad an

Route: Mittenwald/Ried – Naturschutzgebiet Riedboden – Scharnitz – Gießenbach – »Bodenalm« bei Seefeld (gut ausgeschilderte Radwege nach Scharnitz und Seefeld) – Mittenwald

Länge / Dauer: ca. 30 Kilometer, mit dem Rad und vielen Pausen in 3 Stunden leicht zu machen, als Spazierweg ist es eher eine Tagestour

Anfahrt / Parken: ÖPNV; Wanderparkplatz am Ried, der auch vom Bahnhof Mittenwald gut zu Fuß erreichbar ist.

Start- / Zielpunkt: Parkplatz Ried, Ried 1, 82481 Mittenwald

Eine Wiese voller Margeriten

Gleich zu Beginn begrüßen uns viererlei Pferde, die den Radlstart am Parkplatz Ried am nach Tirol weisenden Ende von Mittenwald empfindlich hinauszögern könnten. Als Holzskulptur und unter dem Motto »Do samma dahoam« auf die Hauswand gemalt sind die prächtigen Kaltblüter von Sepp Zunterer aus Mittenwald zu bewundern. Die Brauereirösser von Paulaner logieren hier springlebendig das ganze Jahr über im Dauerurlaub, bevor sie drei Wochen lang Ende September auf dem Münchner Oktoberfest das Festgespann der Brauerei ziehen dürfen. Am angrenzenden Spielplatz kann man auf den Pferdewippen selbst ein bisserl reiten und mit etwas Glück sind die gestriegelten Riesen gerade auf der Weide live zu bestaunen. Das alles kann bei Pferdefreunden dauern …

Wir aber satteln dann doch unsere Drahteseln und starten in Richtung Riedboden, um richtige Grenzgänger zwischen Bayern und Tirol zu werden. Schnurgerade und brettleben radeln wir durch ein 146 Hektar großes Naturschutz- und Wasserschutzgebiet, teils entlang der Isar, teils durch ein schattiges Zirbenwäldchen samt eingezäuntem Goldfischweiher und Hexenpausenhäusl. Nach guten 20 Minuten erreichen wir eine satte, hübsch anzusehende Margeritenwiese, wo wir stoppen und das erste Mal das Messer zücken müssen, um das Arzweible gütig zu stimmen.

Arzweible

Wenn nachts Höllenhunde und böse Geister von verstorbenen Sündern nebelgleich durch den Riedboden ziehen und die Seelen Unschuldiger verderben wollen, dann müssen sich nicht nur Menschen, verirrte Wanderer oder Hirten schnellstmöglich retten, sondern sogar die hilfreichen Waldgeister benötigen Hilfe. Ein jeder Baumstumpf, in den mit einem Taschenmesser drei Kreuze eingeritzt sind, bietet den Verfolgten Zuflucht …

Auch das Arzweible, das aus der Arzgrub bei Mittenwald herunterkommt, benötigt diesen Schutz, um nicht misslaunig einen Wanderer durch ihren wirren Tanz dermaßen vom Wege abzubringen, dass er erst Stunden später zu seinem Ziel findet oder gar über eine Irrwurzel stürzt, stolpert und sich böse verletzt und obendrein die Orientierung verliert. Kommt der kleine oder große Wanderer selbst unfreiwillig mit Waldgeistern in Kontakt, so helfen die gekreuzelten Baumstümpfe ebenfalls. Darum empfiehlt es sich, durch drei geschnitzte Kreuze auf einem Baumstumpf sich und den guten wie den Irrgeistern einen Schutzraum zu ermöglichen, der einen vor eigenen Irrwegen hütet.

(Frei nach Gisela Schinzel-Penth)

Mit dem Kreuzeln sind wir aber noch nicht fertig, denn kurze Zeit später können wir erneut absteigen und eine ganze Reihe von Stümpfen einer ehemaligen Allee bearbeiten, damit ein sicherer, dämonenfreier Fleck hier auf der Lichtung bereitsteht. Man wird quasi gar nimmer fertig mit den Kreuzzeichen. Dafür verirren wir uns auch sicherlich nicht mehr, erst recht nicht wenn wir uns weiterhin an den Wegweisern Richtung Scharnitz und Seefeld orientieren.

Nach ein paar Kilometern entlang der Isar überqueren wir – ohne es zu merken – die Landesgrenze und stehen schon im Tirolerischen kurz vor dem Grenzort Scharnitz. Einmal geht es über die Isar und sicher unter der Straße hindurch. Wer Lust und Mut hat, kann hier beim »Paintball Tirol« halten, wo rund um die Uhr die Möglichkeit besteht, sich als Flegel frenetisch farbig zu feuern. Dass man aber seine/seinen Geliebte/n besser nicht mit einem Farbschuss atta-

Arzweiberlfleckerl

ckiert, sondern eher versuchen sollte, sich auf anderem Weg als gute/r Schütze/in zu erweisen und sie/ihn für sich zu gewinnen, dazu später mehr.

Vorbei geht es danach am »Klettergarten Sonnenplatten«, wo man mutige Kraxler in der Wand bestaunen kann. Ein Blick zurück gewährt uns eine schöne Sicht auf Karwendel und Arnspitze, die seit einem Waldbrand arg kahl, aber umso karstiger dasteht.

Jetzt wird's wieder tierisch. Zunächst grüßen an der Hauswand eines Geigenbauers dessen Lieblingshunde, in Öl, vor italienischer Landschaft, und dann hört man auch schon das Bellen von Husky und Co, die hier Asyl gefunden haben. In sicherem Abstand vor dem Zaun kann man den außergewöhnlichen Hunden beim Balgen zusehen. Im Winter werden übrigens Schlittenhunderennen veranstaltet, die sehr beliebt sind!

Wir folgen dem Gießenbach und die nächsten Tiere, versteckt zu unserer Rechten, rühren sich weniger. Sind sie eingefroren? Im Winterschlaf? Schockstarr vom Höllenhund? Oder vom Arzweiberl hypnotisiert? Ach so. Es sind nur die tierischen Zielscheiben der Tiroler Bogenschützen, die hier auf Wildsau- und Hirschattrappen feuern. Das mag ein wenig seltsam wirken, hat aber eine lange und sogar romantische Tradition:

Scheiben und Bolzentreiber aus Mittenwald

Verliebte Schützen trafen sich gerne in der Karsamstagsnacht beim Osterfeuer, tauchten einen hölzernen Pfeil in Pech, banden eine Rute zum Bogen und schickten den am Osterfeuer entzündeten Pfeil auf seine Reise in die finstre Nacht. Einer Sternschnuppe gleich leuchtete der brennende Blitz und die Burschen sagten dabei folgenden Vers auf:

O du mei liabe Scheibm!
Wo will i di heid hitreibn?
In d'Mittenwoida Gmoa,
i woaß scho, wem i moa,
d' [Name der »besungenen« Dame] ganz alloa.
Geht's iara guat,
so hot si's guat;
geht's iar schlecht,
i's iara bessa machen mecht.

Rabiatere oder verzweifeltere Romantiker trieben gar ganze mit Stroh gespickte Wagenräder brennend den Berg hinab und waren sie erfolgreich, so schenkten die Angebeteten ihnen hübsch bemalte Ostereier. Wenn's hilft …

Ob verliebt oder nicht, hier kann man sein Schützenglück beim Bogenschießen versuchen. Dem falschen Wild tut's ja nicht weh.

Wir aber radeln weiter am Gießenbach entlang. Obacht: Hier kreuzen gerne winzige, aber flinke Wiesel, die vom Bachbett in die hoch stehenden Blumenwiesen rasen. Ein Schwenk rechts, ein kurzes Stück auf der Bundesstraße gen Leutasch und wieder links auf den Radlweg durch den Lehenwald zurück zum Drahnbach nach Seefeld, wo uns bald die »Bodenalm« angekündigt wird. Auf dem

Blick vom Härmelekopf auf Seefeld. Im Hintergrund links das Inntal, in der Mitte das Mieminger Gebirge und rechts das Wettersteingebirge

Weg dorthin aber ragt versteckt von der Höh ein damischer Ritterturm empor. Dieser ist nicht historisch, gehört aber zur Geschichte des Gamer-Paradieses »Play Castle«, das 1998 eine Spielhalle im mittelalterlichen Ambiente liefern wollte, mit einer künstlichen Burgfassade, die die Zockerhöhle verblenden sollte, aber kurz darauf im Jahr 2000 pleiteging. Seitdem fristet sie zum Ärger der Gemeinde Seefeld ein kümmerliches Dasein als Event Location, bevor sie vielleicht zur modernsten und 14,5 Millionen Euro teuren Burgruine der Moderne verkommt.

Wir aber bleiben auf dem Riedboden der Tatsachen und kehren in der folgerichtig benannten »Bodenalm« ein. Ohne Pleiteritter, aber erneut mit tierischen Zaungästen, denn dort haben sie alles außer Pferden im hauseigenen Bauernhof. Hühner, Schafe, Katzen, Kälber, Rinder und den überaus beliebten über 20-jährigen grauen Esel Juppy, der brav und gutmütig am Zaun steht und gerne Streicheleinheiten entgegen nimmt. Nur am Abend wird er aktiv und rennt mit den Kälbern auf der Weide um die Wette, wie die Wirtin Kathi Schuchardt verrät. Hier können wir rasten und kosten: Das Holundersoda stillt den Durst und Nicht-Vegetariern sei das Speckbrettl empfohlen, das wie Wichtelmützen hübsch garniert daherkommt. Und wer es fleischlos liebt, dem sei das Graukasbrot mit Buttermilch empfohlen – sehr exotisch, aber wer's mag! Wenn ihr auf dem dortigen Spielplatz übrigens das Trampolin benutzt, tragt ihr – ohne es zu wissen – ebenfalls eine Wichtelmütze. Ihr braucht nur genau hinschauen.

Nach ausgiebiger Streichel- und Essenspause radeln wir entweder auf dem gleichen Weg oder über die sehr mediterran anmutende Daxen-, also Tannenstrauchebene in Richtung Mittenwald zurück, können einen Stopp am Kalvarienberg samt Kreuzweg in Scharnitz einlegen, den dortigen Kulturpfad mit Informationen zur Porta Claudia und zum Grenzort erwandern oder gleich zurückkehren zu den Paulaner-Gäulen am Ried, wo der griechische Biergarten zur Abschlusseinkehr einlädt. Hoffentlich ohne Irrungen der Arzweible, ohne Ablenkungen durch die tierischen Gefährten und mit gekreuzelten Wegmarken lässt man gemütlich den grenzüberschreitenden Ausflug ausklingen.

Andis Tipp

Wer gar nicht genug von der Tiroler Küche kriegen kann oder die Tour zum Abendessen im edlen Ambiente ausweiten möchte, dem sei die beliebte, bald 100-jährige »Triendlsäge« bei Seefeld empfohlen, die mit modern interpretierten Klassikern und frischen, aus dem eigenen Gewässer auf den Teller hüpfenden Gebirgsforellen überzeugt.

Burgfräulein vor dramatischer Kulisse auf der Porta Claudia: Diese Festungsanlage wurde von den Tirolern während des Dreißigjährigen Kriegs als Bollwerk gegen die Schweden errichtet.

AUSFLUG 3

Grenzgang mit Geistern, Schmugglern und Soldaten

An Sagen und Legenden, an Geistern, Kobolden, Feen und Elfen, an Schätzen und Stürmen mangelt es bei dieser Tour tatsächlich nicht, denn die ganze Klamm wurde von den Leutaschern und Mittenwaldern ganz und gar den Wundergestalten gewidmet, weswegen diese Tour nicht nur für diesen Band ein unumgänglicher Abstecher von der Isar ist, sondern einen tollen und spektakulären Ausflug für alle bietet, die nicht unter Höhenangst leiden.

Tour: Rundweg, Schwierigkeitsgrad mittel, manchmal ist Ausdauer gefragt, mit ausreichend Umkehr- und Einkehrmöglichkeiten, auch als Spaziergang bewältigbar

Route: Mittenwald – Leutaschklamm – »Ederkanzel« – Geisterklamm – Mittenwald

Länge / Dauer: 6 bis 10 Kilometer, 2,5 bis 4 Stunden, je nachdem wie viele Tafeln in wie vielen Sprachen gelesen und studiert werden

Parken: Parkplatz / Bushaltestelle Innsbrucker Straße, Mittenwald

Start- / Zielpunkt: Isarbrücke Mittenwald »Am Köberl«

Zunächst läuft man noch gerade und beschaulich an der Leutascher Ache ab der Isarbrücke am Bacherl entlang, bis wir am Leutaschklamm-Kiosk scharf rechts abbiegen und steil in Serpentinen bergauf und gleichzeitig rückwärts durch die Zeit wandern. Anhand der ersten Bildtafeln gewinnen wir so einige Höhenmeter, verlieren aber gleichzeitig Jahrtausende und begegnen erst Hannibals Alpenüberquerungselefanten und später den prähistorischen Mammuts, Gletschern und Moränen, die diese Klamm in der Eiszeit schließlich schnitzten. Auf der Höhe muss man da erst einmal ausschnaufen, bis der Fuß gewohntes Terrain und den Moosboden verlässt, um auf Stahlgittern weiter zum Beginn des Sagensteigs zu gelangen. Und hier heißt es Luft anhalten: 47 Meter über dem Klammfluss quert die spektakuläre Klammbrücke das Leutaschtal. Davor können wir uns noch am Echotrichter beim »Bürgermeister-von-Wesel-Rufen« probieren. Unter uns am tiefsten Punkt soll der Klammschatz unerreichbar verborgen liegen. Mutige blicken an ihren Turnschuhen vorbei durch das Gitter in den Abgrund und spielen Schatzsucher, die weniger Mutigen schauen besser konsequent geradeaus oder dem sicheren Himmel entgegen, denn ein rauschender Gebirgsbach, der sich brausend durch die Klammwindungen schlängelt, kann durchaus beeindrucken.

Schon sind wir im Reich der Klammkobolde! Ab hier übernimmt der Klammgeist die Leitung und die Kontrolle über Wassermassen, Windgeheul und Wundersames:

Der Berggeist in der Leutascher Klamm

Seit vielen 1000 Jahren wohnt in der Leutascher Klamm ein kleiner Berggeist. Früher hatte er auf der Wettersteinspitze gelebt und sich mit den Elfen und Gletscherkobolden um die Pflanzen und Tiere dort gekümmert, sich aber dann in die Klamm zurückgezogen, um auf weniger eisige Zeiten zu warten. Er springt übermütig von Felsklippe zu Felsklippe und je enger die Klamm wird, desto wohler fühlt er sich. Als er vor langer Zeit einmal aus der Klamm herauskam, erschraken die Leute über sein koboldhaftes Aussehen und warfen Steine nach ihm, um ihn wieder zurückzutreiben. Darüber war er sehr zornig geworden. Denn er hatte den Menschen nie etwas Böses getan. Von nun an verschwanden viele, die auf der Suche nach ihm tief in die Klamm vordrangen, spurlos. Nur noch manchmal, so heißt es, kommt er in unseren Tagen bis in die Gegend um Mittenwald aus der Klamm heraus und wandert dort umher. Dann ist anschließend das Gras der Wiesen ringsum mit funkelndem Goldstaub überzogen, den er überall verstreut hat. Seine Fußspuren oder andere Merkmale seiner Anwesenheit sind aber nicht zu sehen. Dem, der versucht, das Gold aufzuheben, zerfällt es jedoch schon bei der geringsten Berührung zu Asche.

(Eine Langfassung findet sich an mehreren Stationen am Klammeingang Leutasch)

Der Klammgeist spricht

Steinmanndl-Kreationen

Jedem aber, der keine Steine wirft, begegnet der Leutascher Klammgeist hier in vielfacher Gestalt und Form. Nach der Brückenquerung empfangen uns zunächst Koboldhäuschen, die von hilfreichen menschlichen Koboldkindern kurioserweise in den Wald, in Baumgabeln, auf Felsen und Stümpfe geschichtet wurden. Wer sich vorher mit einem Steinvorrat in Hosentaschen oder Rucksack eingedeckt hat, kann auch hier zum Baumeister werden. Später können wir dann auf Stein hauen und Feenharfe und Donnergrollen probieren. Viele Mitmachstationen, teils lehrreich über die Tier- und Gesteinswelt, teils verspielt mit Zauberwasserspirale und Geisterquiz, lassen hier den Weg nie fad werden und schon stehen wir nach einer guten ½ Stunde – ohne es zu merken – in Tirol und am Leutascher Eingang zum Klammsteig samt Einkehr- und Toilettenchance.

Hier können wir die Klammrunde weiter beschreiten oder wir verlängern die Tour um eine weitere halbe Stunde, queren den Bach und steigen über einen hübschen, gut beschilderten Grenzsteinsteig entlang der Landesgrenze hinauf zum Berggasthaus »Ederkanzel«. Über unzählige Wurzeln geht es bergauf, bergab zum einem ehemaligen Jagdsitz aus dem Jahr 1900 mit Zweiländer-, Dreitäler- und auf jeden Fall einer einmaligen Sicht, wo man bei der Brotzeit erneut quasi direkt auf dem Grenzstein zwischen Tirol und Bayern speist. Forelle und Schnitzel sind hier seit über 75 Jahren ebenso beliebt wie die Aussicht und die freundliche Bedienung. Zudem haben wir zur Mittagsrast vor Geistern und Kobolden erst einmal Ruhe.

Dem Rückweg zur Geisterklamm aber folgen wir auf Schmugglerpfaden zurück nach Bayern mit hoffentlich nur legalen Gütern im Gepäck, denn sonst wird es gefährlich.

Schmuggler im Werdenfelser Land

Zur Zeit der Napoleonischen Kriege wurde hier noch Tabak, Kaffee und Branntwein über die grün-wässrige Klammgrenze geschleppt. Die geschwärzten Gesellen wollten in dunkler Kleidung des Nachts nicht erwischt werden, wenn sie ihre Kraxen durch Wald und Fels trugen. Die Schmuggelei hat sich sogar deutlich sichtbar in die Landschaft eingeprägt. Richtung Scharnitz sind einige immer noch ziemlich »nackerte« Berghänge zu sehen. Die großen alten Bäume, die dort früher wuchsen, wurden keine Opfer von Stürmen, sondern von Feuerteufeln: Wenn die Schmuggler eine besonders einträgliche Tour planten und dafür ihre Ruhe haben wollten, dann legten sie auf der anderen Talseite einen Waldbrand. So konnten sie sicher sein, dass sich die Aufmerksamkeit der Obrigkeit auf die Bekämpfung des Feuers richtete und nicht auf die dunklen Geschäfte im Grenzgebiet.

Ein ganz berühmt-berüchtigtes Subjekt war der »Rote Veitl« aus Graseck, der durch sein struppiges rotes Haar und seinen Bart auffiel, teuflisch den Bass im Wirtshaus spielte und jahrelang eine besonders erfolgreiche Schmugglerbande im Reintal anführte, bis ihn der Schuss eines Gendarmen bei seinem Versteck zu Fall brachte, wonach er – den Legenden gemäß – als rot glühender Klammdämon durch die Nächte strich und so manches Unheil über Verirrte und Wanderer brachte.

(Zusammenfassung Andreas M. Bräu)

Steg entlang der Leutasch

Über den jetzigen Klammweg hätten sich der »Rote Veitl« und die Schmuggler allerdings gefreut, läuft man doch komfortabel geradeaus oder über Treppen, aber erneut mit Abgrundsicht. Auf Stahl, am Fels entlang, über den tosenden Wassermassen. Unten drehen sich Äste und schaumige Gischt in den Gumpen in der Hexenküche, am Hörrohr kann man das Brausen vernehmen, das da 30 bis 40 Meter unter uns zu sieden scheint. Wir durchschreiten eine Regenbogenschlange zwischen Geist und Teufel, das Karwendel grüßt meist nebelverhangen von der Höhe und das Wasserrauschen wird lauter.

Das Tor zu Himmel und Hölle

Mulmig kann es einem hier wieder werden, drum lieber dem Klammgeist folgen, in dessen Höhle er zuletzt mit blitzenden Augen auf uns wartet. Doch keine Sorge, er steckt hinter Gittern und ist gar nicht so gruselig, seinen Goldstaub aber rückt er auch nach mehrfachem Bitten nicht heraus.

Die Tour endet erneut an der Leutasch-Panoramabrücke, wo die Tiefe anhand eines Messseils nochmals genau nachgeprüft werden kann. Beschließen lässt sich der Ausflug ganz gemütlich im Wirtshaus »Gletscherschliff« oder am Klamm-Kiosk, wo am Wasserfall all die Eindrücke von Naturgewalt und Sagenschatz verdaut werden können und wir dem Klammgeist und seinem Koboldschatz »Servus« sagen.

Andis Tipp

Will man die Tour zur sommerlichen Badetour ausweiten, empfiehlt sich der etwa halbstündige Abstieg von der »Ederkanzel« zum Lautersee nahe Mittenwald samt kühlem, klar blauem Bergwasser, Freibad, Buckelwiesen, Barockkapelle und Panoramaschwimmmöglichkeit in sicherer Entfernung von Klammspektakel und Geistergesindel.

Lautersee

AUSFLUG 4

Die große Buckelwiesen-Bergseen-Runde

Sonnige Runde durch die Buckelwiesen zu den vielleicht schönsten, bestimmt aber wärmsten Bergseen der Region. Und weil wir auf den Spuren von rasenden Römern und frierenden Mönchen wandeln, können wir die Tour auch bei kühler Witterung machen. Unsere Ausrüstung ist bestimmt besser als die der armen Legionäre, die noch vor 1600 Jahren ganz verschwitzt hier durchstapften.

Tour: Rundweg, Schwierigkeitsgrad mittel, bedingt kinderwagentauglich, Bademöglichkeiten, Spielplatz

Route: Klais Bahnhof – Gerold (Ort) – Geroldsee – Barmsee (Badeufer)/Grubsee – Barmsee (Ort) – Buckelwiesen am Geißschädel – Klais

Länge / Dauer: 11 Kilometer, 3 Stunden reine Gehzeit

Anfahrt: Klais besitzt den höchstgelegenen Normalspurbahnhof Deutschlands! Als einziger Bahnhof rund um Krün, Wallgau und Elmau ist er auch ein in Ehren gehaltenes Schmuckstück. Da ist die Anreise per Bahn ja fast schon ein Muss.

Startpunkt: Wanderparkplatz Scharfmoos, 82493 Krün bzw. Bahnhof Klais

Egal ob wir mit dem Zug, Bus, Auto, Radl oder gar per pedes nach Klais kommen: Das kleine Bahnhofsgebäude in Klais ist hübsch, nicht? Es sieht eigentlich eher aus wie eine gemütliche Wirtschaft. Und das, wo bis 2007 sogar der InterCity hier anhielt! Im Jahr 2010 wurde der Bahnhof dann aufwendig renoviert und erhielt eine neue Aufschrift: Aus »Deutschlands höchstgelegener InterCity-Bahnhof« wurde »Bayerns höchstgelegener Bahnhof«.[3] Die Höhenlage (933 Meter über dem Meer) änderte sich glücklicherweise nicht.

Klais ist eine sogenannte Verballhornung – eine abgeschliffene Form – der alten lateinischen Ortsbezeichnung »Castra Clausa«. Über mehr als ein Jahrtausend, in dem die Sprache von Althochdeutsch zu Mittelhochdeutsch und schließlich bairisch geprägtem Neudeutsch wechselte, zogen die Leute das etwas holprige »Castra Clausa« immer mehr zusammen, bis schließlich nur noch das glatte, abgekürzte »Klais« übrig war.

Doch von den Römern ist in Klais noch mehr geblieben als der Ortsname. Wenn wir gleich hinter dem Bahnhof am Gasthof »Schmankerl-Alm Karwendelblick« und der als Fotomotiv beliebten Kapelle[4] vorbeigehen, sehen wir schon die Beschilderung: Hier führt eine original erhaltene Römerstraße den Hügel hinauf! Vorher sollten wir aber noch einen Blick zurück auf die flachen grünen Wiesen von Klais werfen: Denn hier stand bereits vor

Bahnhof Klais

[3] Die Bergstation der Bayerischen Zugspitzbahn zählt nicht, die ist schließlich eine Zahnradbahn.

[4] Auch wenn man es ihr gar nicht ansieht: Die kleine Kapelle hat weit über 400 Jahre auf dem Buckel! Die bunte Kreuzigungsszene auf der Frontwand wurde dagegen erst 1961 geschaffen, und zwar von Heinrich Bickel, dem bekanntesten »Lüftlmaler« der Region.

mehr als 1300 Jahren eines der ersten christlichen Klöster auf bayerischem Boden, gegründet 763 von den adeligen Brüdern Reginperht und Irmifried.[5] Die Missionierung der Alpenbewohner war eine Erfolgsgeschichte. Doch vom Kloster in »Castra Clausa« gibt es heute keinerlei Spuren mehr, nur ein Gedenkstein erinnert an die einst bestimmt würdevolle Anlage.

Schon um 770 herum wurde es in neuer Pracht und Größe an den Kochelsee verlegt. Warum, wo die Lage an der Hauptverkehrsader Via Claudia Augusta (immerhin die wichtigste Verbindung zwischen Rom und Augsburg) doch so ideal schien? »Der Funke Gottes« war's wohl – denn nur wenige Jahre nach der Gründung ging das Kloster in Flammen auf. Dafür muss man den frierenden Mönchen noch nicht einmal unterstellen, ihr ungeliebtes Heim angezündet zu haben. Gott bewahre! Aber direkt erfolgreich gelöscht haben sie es eben auch nicht. Kann passieren, in Zeiten ohne Feuerwehr und Blitzableiter. Eine recht unbeabsichtigte, beiläufige Brandstiftung, wie sie 1200 Jahre später auch das Schicksal der Hohenburg bei Bad Tölz besiegelte (siehe Tour 18). Am Ende war es vielleicht einfach so, dass die guten Mönche Klais nicht inspirierend genug fanden.

Wir dagegen schon! Allein schon die Römerstraße: Wie negative Bahngleise haben sich die eisenbeschlagenen Karrenräder mit ihrer genormten Spurbreite tief in den Stein eingegraben.[6] In Museen und bei Denkmälern heißt es ja ansonsten immer: nicht anfassen, nicht betreten! Das Denkmal Römerstraße jedoch dürfen und sollen wir knallhart mit Füßen treten (unsere Extra-Tour führt da auch noch weiter hinauf). Während wir die Karrenspuren bestaunen (ob da ein Kinderwagen- oder Laufradreifen hineinpasst?), hören wir

---

[5] Falls Lena oder Andi überraschend Zwillinge bekommen sollten, sind diese Namen gesetzt.

[6] Jahrhundertelang waren sie unter einer teils meterdicken Erdschicht verborgen, werden jedoch in der heutigen Zeit von Freiwilligen immer wieder in liebevoller Kleinarbeit freigelegt.

die Geschichte eines wichtigen Herrn, der auf ebendieser Straße vor gut 1300 Jahren unterwegs war – und zwar in ganz besonderer Begleitung …

Standardspurbreite: die Römerstraße Via Claudia bei Klais

Wie der Heilige Korbinian zu seinem Bären kam

Korbinian gründete neben etlichen Klöstern auch das Bistum Freising[7] und gilt als der wichtigste Missionar in Bayern. Heute noch werden viele bayerische Buben nach ihm benannt. Dabei hatte Korbinian selbst mit Bayern ursprünglich gar nichts am Hut: Geboren ungefähr 680 in Zentralfrankreich, wollte der junge Korbinian einfach nur in Ruhe vor sich hin beten. Er baute sich eine Klause im Wald und genoss die Zeit allein mit Gott. Doch bald wollten immer mehr und mehr Leute den frommen Einsiedler sehen und seinen Rat hören. Aus Korbinians Klause wurde ein richtiger Touristik-Hotspot. Um den Besuchermassen zu entkommen, unternahm er eine Pilgerreise nach Rom zum Papst. »Solche wie dich können wir brauchen, wir müssen doch diese heidnischen Bergvölker bekehren!«, sprach dieser und schickte Korbinian als Missionar zurück nach Gallien. Korbinian missionierte erfolgreich, kehrte aber nach sieben Jahren wieder nach Rom zurück und bat den Papst, doch bitte wieder als Einsiedler leben zu dürfen. »Tut mir leid, du bist ein viel zu guter Missionar, wir können nicht auf dich verzichten«, antwortete der Papst. Diesmal schickte er Korbinian in das Herzogtum Baiern, wo es noch besonders viel zu tun gab. Dazu muss man wissen, dass die wilden bairischen Bergvölker wahrscheinlich weniger gefährlich waren als die Reise dorthin. Und tatsächlich, bei der Rückkehr kam es zu einem Zwischenfall: Eines Nachts schlich sich ein Bär heran. Als Korbinian und seine Begleiter erwachten, fraß

7 Heute ist es das Bistum München-Freising – damals existierte München noch nicht.

der Bär gerade die Reste ihres Packpferds. Doch nicht mit Korbinian! Der ließ den Bären erst mit der Peitsche verprügeln, schnallte ihm dann den Sattel des Pferdes um und lud ihm das Gepäck auf. »Bei Gott, wenn du schon unser Pferd frisst, dann musst du es uns irgendwie ersetzen!«, rief er in heiligem Zorn. Und tatsächlich, der Bär schämte sich für seine Tat und folgte ganz bedröppelt. Er trug das Gepäck ganz brav über die Alpen bis nach Rom, wo Korbinian ihm seine Sünde vergab und ihn freiließ.

(Nach Peter Pfister)

Passiert sein soll die Sache mit dem Bären auf einem engen Bergpass im Gebiet der Breonen, deren Herrschaftsgebiet im Grenzbereich Bayern/Tirol lokalisiert wird. Später schrieb übrigens Abt Arbeo, der Chef des glücklosen Klaiser Klosters, die Biografie des Heiligen Korbinian – so schließt sich der Kreis. Der bekehrte Bär mit Sattel und Zaumzeug ist immer noch auf dem Freisinger Wappen zu sehen.

Wir gehen jetzt aber zurück Richtung Westen und folgen für 2 Kilometer der geradlinigen »Rennstrecke« südlich der B2 bis Gerold.[8] Im Winter ist dies (man denke an die frierenden Mönche) das kälteste Eck der ganzen Region, weshalb man auf der beliebten Loipe linkerhand teilweise noch bis in den Mai hinein langlaufen kann.

Wem es auf der offenen Strecke allerdings im Sommer zu warm werden sollte: Immer an die römischen Legionäre denken! Die hatten bei ihren Märschen durchs Imperium durchschnittlich 40 Kilogramm Ausrüstung auf dem Buckel – und das ganz ohne feuchtigkeitsregulierende Hightechfasern oder Sonnencreme. Nach Gerold hinüber

---

8 Leider passieren auf diesem Abschnitt der Bundesstraße rund um das sogenannte Plattele wirklich viele Unfälle. Überhöhte Geschwindigkeit und unerwartetes Glatteis sind keine gute Kombination.

geht's ganz ungefährlich durch eine Unterführung. Dort angekommen flanieren wir gemütlich zwischen den Höfen entlang bis zum See. Dafür können wir uns ruhig etwas Zeit lassen und die Häuser bestaunen. Gerold hat seinen Namen noch von seinem frühmittelalterlichen Gründer: Gerold eben (genauer gesagt: Haintz Gerolt von Pfaffenweng). Das war so einprägsam und leicht zu schreiben, dass sich über all die Jahrhunderte nur der letzte Buchstabe veränderte. Den Namen gibt es heute noch, wenn auch sehr selten – in unserer Tour 8 tritt ein Gerold auf. Das ist eigentlich schade, denn Gerold bedeutet »Speerwerfer«.[9] Der Geroldsee selbst ist flach und warm, bietet sich aber wegen des sumpfigen Ufers eher als Fotomotiv an. Da wir aber sowieso noch mehr vorhaben, wandern wir durch Bannwald und Blumenwiesen bis zum Barmsee. Im gleichnamigen Ortsteil steht das älteste Bauernhaus der Gemeinde Krün mit der Hausnummer 7. Guckt mal, wie niedrig die Geschossdecken sind! Fast zwergenhaft wirkt es. Das half beim Einsparen von Baumaterial und Heizkosten. Die durchschnittliche Körpergröße der Erwachsenen damals war aber auch geringer als heute.

Gar nicht mal so buckelige Begegnungen

---

[9] Übrigens hat der Geroldsee noch den Zweitnamen »Wagenbrüchsee«. Warum? Weil die zugefrorene Fläche im Winter wohl schon so manchen Ortsunkundigen dazu verleitet hat, seinen Ochsen- oder Pferdekarren über die vermeintlich schön flache Wiese zu lenken – bis der Wagen eingebrochen ist.

Auch für menschliche Frösche geeignet: der Geroldsee

Jetzt haben wir die Qual der Wahl: Gleich im Barmsee baden oder noch 1 Kilometer durch den Wald spazieren zum kleinen, feinen Grubsee? Der Grubsee ist ein langes, schmales Moortümpelchen – hat aber eine 1A-Rutsche und bis zu 26 Grad Wassertemperatur! Nicht umsonst nennt sich das (kostenpflichtige) Freibad großspurig »Badeparadies«.

Durch die Buckelwiesen, eiszeitliche Gräben in den Grünflächen, die stark an Hobbithügel erinnern, geht es zurück nach Klais zum Ausgangspunkt.

Lenas Tipp

Der Spielplatz unterhalb des Alpengasthofs »Barmsee« ist eigentlich eher ein Freizeitpark, inklusive Kinderfahrzeugen, Fußballtoren und (je nach Saison) Tierkontakt zum Anfassen nebenan. Manchmal wird sogar eine Hüpfburg aufgebaut. Perfekt, um die Wartezeit aufs Essen zu überbrücken oder die Mama mal in Ruhe ihren Kaffee austrinken zu lassen. Wenn kein Badewetter mehr ist, lohnt der Besuch des wunderbaren, relativ menschenleeren Wandergebiets Hirzeneck südlich von Gerold zwischen Bahnstrecke und der Elmau. Dort liegt der bevorzugte Schwammerl-Jagdgrund meiner Familie zum Erbeuten von Steinpilzen, Schweinsohren und Reherl (Pfifferlinge) – oder man macht auch einfach nur so einen Ausflug dorthin.

Andis Tipp

Bloß im Sommer nicht die Badehosen und die Flossen vergessen. Denn mit denen kann man im Bermudadreieck aus Barmsee, Grubsee und Geroldsee umherwatscheln und idealerweise in drei der prächtigsten Seen der Region planschen. Mein Favorit ist der pittoreske Geroldsee.

Extra-Tour

Die Römerstraße in Klais einfach weiterverfolgen und sozusagen auf den Spuren von Korbinian und seinem Bären Schlösser gucken: Erst kommt das Schloss Kranzbach, schließlich ganz hinten in der Elmau das gleichnamige Schloss Elmau (5,5 Kilometer beziehungsweise knapp 2 Stunden einfach bis dorthin). Die beiden Nobelherbergen können leider nur von außen bewundert werden, was uns angesichts der noch viel sagenhafteren Bergwelt außen herum aber nicht juckt.

FÜR EUCH
Windeln
FEUCHTTÜCHER
PFLASTER
Kühlakkus
Sonnencreme
Sonnenhüte

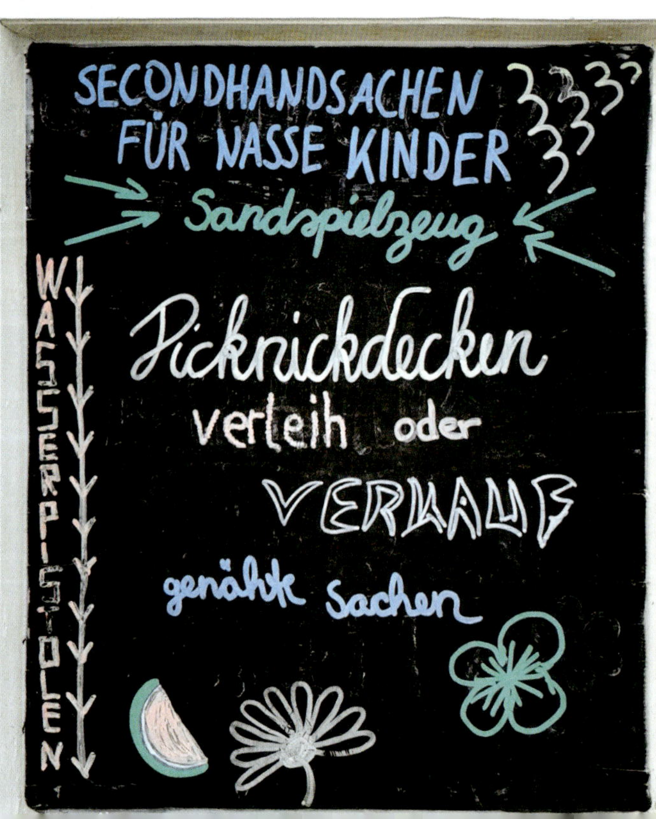
SECONDHANDSACHEN
FÜR NASSE KINDER
Sandspielzeug
WASSERPISTOLEN
Picknickdecken
verleih oder
VERKAUF
genähte Sachen

AUSFLUG 5

Auf Koboldart um Krün herum zur Kugelbauch-Kapelle

In und um Krün herum ist für jeden was dabei: ein kleiner Stausee mit Original-Nixenschaufenster, eine beeindruckende Klamm, eine ganz besondere Kapelle und feucht-fröhliches Treiben am Flößerspielplatz. Was für eine Runde! Und wer nach Klamm und Spielplatz immer noch nicht genug Wasserspritzer abbekommen hat, kann hinterher auch noch im Barmsee baden.

Tour: Rundweg, Schwierigkeitsgrad mittel, kinderwagentauglich (bis auf die Hüttlebachklamm selbst), Bade- bzw. Pritschelmöglichkeit (sogar mehrere)

Route: Krün – Isarbrücke – Aussichtsbank – Hüttlebachklamm – Naturerlebnispfad – Isarstauwehr – Flößerspielplatz Krün

Länge: 6 Kilometer, 150 Höhenmeter

Anfahrt: In Krün kein Bahnanschluss! Der rote Oberbayernbus (mit der AlpenweltCard kostenlos) fährt aber von Garmisch-Partenkirchen und Mittenwald (Linien 9608 bzw. 9618) und Wallgau aus nach Krün. Zusätzlich verkehren je nach Saison spezielle Wander- und Skibusse.

Start-/Zielpunkt: Wanderparkplatz im Gries, Griesweg 10, 82494 Krün

Zum Abheben schön: Krün

Auf der einen Seite die Buckelwiesen, auf der anderen die Isar, dazwischen der dicke Zwiebelturm von Sankt Sebastian: Ein wirklich sagenhaft schönes Panorama. Aber so wunderschön das Dorf Krün heute ist: Ohne die Flößerei sähe alles ganz anders aus. Ärmlicher vermutlich. Bis zum Aufkommen des Tourismus verdankte der Ort seinen Wohlstand der Lage zwischen Wäldern und der Wasserstraße Isar.[10] Die überqueren wir jetzt gleich dort, wo sie ganz frisch dem Stausee entkommen ist, und zwar direkt hinter dem Wanderparkplatz im Gries, unserem Startplatz. Nach der Brücke folgen wir der breiten Forststraße nach rechts bis zur Abzweigung Hüttlebachklamm und nehmen dabei unbedingt den kleinen Umweg nach rechts zum »Aussichtspunkt« mit – der lohnt sich.

Der Name »Hüttlebachklamm« ist eindeutig irreführend, weil er so niedlich klingt. Eine Klamm mit einer kleinen Hütte, was kann da schon passieren? Falsch gedacht! Eine viel passendere Bezeichnung wäre unserer Meinung nach »Krün Canyon«. Denn so sieht die Klamm,

---

10 Sogar der Name Krün bedeutet eigentlich Floß. Bei der ersten urkundlichen Erwähnung 1294 wurde es »Gerona« geschrieben – das lässt sich vom römischen »Carina« herleiten, was so viel wie »Fahrzeug« bedeutet.

Do geht's aber owe: Blick in die Hüttlebachklamm

die ganz harmlos anfängt, im oberen Teil auch aus. Sie ist nicht nur an heißen Tagen ein erfrischender Rückzugsort für große und kleine Berggeistlein. Weil sie aber wie erwähnt im oberen Teil jede Menge Absturzgefahr bietet, folgen wir dem Hüttlebach mit Vorschulwichteln oder gar Kinderwägen nur bis zum ersten Treppenabsatz.

Über der Hüttlebachklamm führt der Natur-Erlebnisweg über verschlungene Waldpfade wieder zurück hinunter zur Isarbrücke (mit Kindergartenkindern gehen wir stattdessen zurück zur Isarbrücke und steigen dort ein). Der Natur-Erlebnisweg bietet nicht nur interessant aufbereitete Informationen über Schwammerl, den Bergwald oder die Flößerei, sondern auch diverse Kraxel-Geräte und teils überdachte Picknickplätze. Hinter der Isarbrücke zweigt links der »Kiesel-Lehrpfad« zum Stauwehr ab. Die Gelegenheit, um endlich mal die Herkunft dieser Steinmanndl zu klären, von denen wir auf dieser Tour bestimmt schon einige erspäht haben:

Der Steinmanndl-Sisyphos von der Isar

Steine aufeinander zu schichten, ist kulturell gesehen nichts Besonderes: Sie markieren Grundstücksgrenzen oder auch Gräber, ersetzen Hecken, dienen als einfache Mauern. Hirten und Nomaden nutzen sie als Landmarken, um sich in der Steppe zu orientieren.

An der Isar kamen die Steinmanndln dagegen durch einen einzigen Herrn so richtig in Mode, und zwar erst in den 90er-Jahren des vergangenen Jahrhunderts. Karl-Heinz Fett hieß der fleißige »Hochstapler«, der in jahrelanger Kleinarbeit Steine entlang der Isar aufeinandertürmte. Auf einer großen Kiesbank zwischen Tölz und Lenggries errichtete der Künstler in monatelanger, täglicher Kleinarbeit eine richtiggehende Burg aus Steinen, inklusive Sitzbank und Spendendose, darum herum Dutzende bis zu 2½ Meter hohe Turmkegel. Die Kegel und Mauern kamen völlig ohne Mörtel aus, waren nach allen Regeln der Statik ausgetüftelt und dazu noch filigran verziert. Und das alles, obwohl das beliebte Fotomotiv »Klein Kairo« jeweils nur einen Sommer stand: Der nächste Starkregen, spätestens aber die Schneeschmelze mit dem Frühlingshochwasser machte die monatelange Arbeit zunichte. Unermüdlich begann Karl-Heinz Fett von vorne, jedes Jahr, bis er aus Altersgründen nicht mehr konnte. Doch seine sogenannten Isarpyramiden, die man zeitweise sogar auf Satellitenbildern sehen konnte, erlangten solche Bekanntheit, dass sie auch heute noch von Nachahmern jedes Frühjahr neu errichtet werden – und jeder kann mitmachen. Vielleicht wollt ihr am Fuß der Hüttlebachklamm schon mal ein bisserl üben?

Eine Burg für »Wasserritter«: das Krüner Isarwehr

Doch auch wer sich nicht besonders für die aufgereihten Gesteinsbeispiele entlang des Kiesel-Lehrpfads interessiert, wird bald das donnernde Wasserrauschen hören und nachgucken wollen, woher es kommt: Das Isarwehr mit seinem spitz bedachten Holzturm sieht ein bisschen wie eine mittelalterliche Festungsanlage aus. Die Fischtreppe daneben ist viel jünger und besticht durch eine bodentiefe Panzerglasscheibe, die einen Einblick ins Innenleben der Isar bietet. Wer nur lange genug in dieses Riesenaquarium hineinguckt, sieht vielleicht die Isarnixe vorbeitauchen … Da! Waren das wirklich nur ein paar Fadenalgen oder doch grün-goldene Haarsträhnen?[11]

Nixenschaufenster

---

[11] Die Isarnixe schlängelt sich an mehreren Stellen durch dieses Buch, entgleitet uns aber immer wieder. Beim Ausflug 17 gehen wir der Fischfrau genauer auf den Grund (und hoffentlich nicht an die Angel).

Wer mag, kann den Isarstausee selbst auch noch umrunden – dazu hat Andi in Tour 8 ein paar Tipps parat. Jetzt wird es aber langsam Zeit, den fabulösen Krüner Flößerspielplatz anzusteuern. Der Weg durch die luftige Föhrenheide (eingezäunte, aber begehbare Weidefläche) ist der schönste – gleich links hinter der schon von Weitem sichtbaren Tennissportanlage liegt der Flößerspielplatz mit allem, was das Herz begehrt: vom Bachlauf mit Stauwehr über die Tunnelrutsche bis zum Floß-Simulator. Wasserfeste Souvenirs gibt's für 2 Euro am »Floß-o-Mat«.

Im Anschluss an die Spielplatztoberei können wir unsere Hinterteile im Zentrum von Krün auf einem höchst historischen Sitzmöbel ausruhen. Wer von der älteren Wichtelgeneration kennt es nicht: Das Foto des strahlenden US-Präsidenten Barack Obama

Und Action! Auch für Nichtschwimmer

Erbaulich, nicht erbärmlich: Panorama-Naturfreibad am Barmsee

beim Weißbier-Frühschoppen, umringt von einheimischen Herren in Tracht. Während das Weißbierglas mit dem Original-Obama-Lippenabdruck seit dem G7-Gipfel von 2015 in sicherer Verwahrung ist, kann auf der Bierbank jedermann Platz nehmen und die berühmte Szene auf dem Rathausplatz von »Kri«[12] nachstellen. Geht natürlich auch mit Apfelschorle! Und wer von Wasserpritscheleien immer noch nicht genug hat, der fährt gschwind hinüber zum nahen Barmsee, wo sich's auch fein ausruhen lässt vom Wandern und Toben und Erleben.

---

12 Eine andere ikonische Obama-Bank – auf dem Foto damals frontal Angela Merkel mit weit ausgebreiteten Armen vor Karwendel-Kulisse – steht in der Elmau. Der Mittenwalder Handwerker Josef Neuner, der die Bank auf Wunsch des Schlossherrn Dietmar Müller-Elmau herstellte, war selbst ganz überrascht vom plötzlichen Weltruhm der Sitzgelegenheit. Wer seine vier Buchstaben auch im eigenen Garten oder Balkon präsidial platzieren möchte, darf Neuners Firma »Partner rund ums Haus« gerne anfragen.

Extra-Tour 1

Dazu überqueren wir den Obernachkanal auf der überdachten Floriansbrücke erneut und biegen gleich hinter dem hölzernen Wegekreuz in die Feldstraße ein, der wir schnurgerade hinauf zum Ortsteil Bärnbichl folgen. Hier links auf die Hochstraße abbiegen und die vielen hübschen Pensionen, Chalets und Ferienwohnungen bewundern (beinahe in jedem Haus gibt es eine Unterkunft zu mieten). Am Ortsausgang taucht sie schon auf, die fröhlich-dottergelbe Kapelle Maria Rast.[13]

Aber Moment … heißt dieser Ortsteil nicht »Bärnbichl«? Dazu mehr in der nächsten Tour, wo wir sogar eine ziemlich echte Bärenhöhle besuchen! Darüber hinaus deckt Krün von der Geburt Jesu bis zu seinem Tod die ganze Bandbreite ab: In der Kirche St. Sebastian verbirgt sich ein angeblich echter Splitter vom Kreuz, an dem er starb. Der Freiherr Otto von Ritter zu Groenesteyn erhielt den Splitter für seine treuen Dienste als bayerischer Gesandter von Papst Pius XI. und spendete ihn mitsamt einer prächtigen silbernen Zierhülle seinem Lieblingsdorf Krün.

Extra-Tour 2

Wer sich durch die Hüttlebachklamm hinauf auf 972 Meter Meereshöhe gewagt hat, kriegt bei weiterem Bergauf-Bedarf noch einen Gipfel »geschenkt«: Bis zum Schwarzenkopf sind es von dort nur noch 40 Minuten.

---

[13] Der Name der Kapelle erschließt sich sofort beim Blick ins Innere: Maria hat ja einen mächtig runden Kugelbauch! Die lebensgroße Statue zeigt die Gottesmutter mit ihrem Mann Josef auf dem Weg nach Bethlehem, nur wenige Stunden vor der Geburt von Baby Jesus. Dass sie in so einem Zustand ab und zu mal rasten musste, ist absolut verständlich.

Lenas Tipp

Ermattete Mamas und Papas (und natürlich auch Großeltern, Tanten et cetera) bekommen am Kiosk neben dem Flößerspielplatz einen kühlen Drink mit mehr oder weniger Wassergehalt. Die Kiosk-Feen Anne und Resi versorgen hungrige Flößergesellen nicht nur mit Eis und Pizza, sondern auch mit Pflastern, selbstgenähten Stirnbändern und Notfallwindeln.

Öffnungszeiten: Dienstag und Donnerstag bis Sonntag, ab 14.30 Uhr, aber nur bei schönem Wetter!

AUSFLUG 6

Ab in die Bärenhöhle und in die Freiluftdusche des Finzweiberls

Leicht zu erreichende Highlights auch für die allerkürzesten Beinchen: Auf der Westseite von Wallgau kühlen wir uns in Wasserfällen und Natur-Whirlpoos ab und gucken nach, ob der Bär gerade zu Hause ist … Mit der Finzbachklamm können Kobolde noch einen weiteren Strich auf ihrer Felsspaltliste machen.

Tour: Rundweg, Schwierigkeitsgrad leicht, bis zur Abzweigung Bärenhöhle kinderwagentauglich, Bademöglichkeit, Spielplatz

Route: Wallgau – Magdalena-Neuner-Panoramaweg – Abzweigung Bärenhöhle – Kleiner Wasserfall – Finzbachklamm – Naturspielplatz an der Finz in Wallgau

Länge: 3 Kilometer, 150 Höhenmeter, in 1 Stunde Gehzeit gut zu schaffen

Anfahrt / Parken: Keine Bahnverbindung nach Wallgau. Parkmöglichkeiten in Wallgau, zum Beispiel am Wanderparkplatz im Ortsteil Gries

Start-/ Zielpunkt: 82499 Wallgau, Sonnleiten 34 bzw. Naturspielplatz an der Finz, 82499 Wallgau

Kirche St. Jakob

Wir beginnen unsere Wanderung in Wallgau, gleich oberhalb des Appartementhauses »Am Panoramablick«, am Einstieg zum Magdalena-Neuner-Panoramaweg. Von der Zeitangabe »40 Minuten« zur Bärenhöhle sollte man sich dabei nicht abschrecken lassen, für alle zwischen 7 und 77 reicht auch locker die Hälfte. Bereits nach ein paar Kurven durch den schattigen Bergwald erreichen wir den Scheitelpunkt der Tour: Ab dem Wegweiser auf der Hanglichtung[14] kann man den Wasserfall schon rauschen hören! Der Rest geht sich wie von selbst und vor allem bergab. Kurz nach dem Wegweiser

14 Übrigens ein prima Picknickplatz, bevor es eventuell zu spannend zum Essen wird …

zweigt links ein schmaler, wurzelreicher Weg zur Bärenhöhle ab. Den Finzbach gilt es, ohne Brücke zu überwinden (notfalls Schuhe ausziehen und einfach durchmarschieren, das Wasser ist ungefährlich flach), und dann sind wir auch schon gleich da.

Bärenhöhle

Wirklich sehr beeindruckend, die Bärenhöhle. Wie extra hinbetonierte Säulen (oder die schlechten Zähne eines riesigen Mauls) sehen die Steinvorsprünge aus, zwischen denen es an mehreren Stellen ins Erdreich hineingeht. Keine Sorge, in diesen Höhlen kann sich niemand verirren, da muss hinterher kein aufwendiger Rettungseinsatz gestartet werden. Aber für einen Bären hätte die schicke Natur-Immobilie mit Panoramablick zum Wasserfall schon gepasst. Sogar für mehrere nebeneinander, in einer Art Reihenhöhlensiedlung – wenn die pelzigen Genossen nicht absolute Einzelgänger wären. Nix da also mit der gemütlichen Bären-WG. Höchstens Bärenmamas mit ihrem Nachwuchs haben sich hier herumgetrieben, solange die Jungen noch klein waren. Da hatte also jeder Babybär seine eigene Spielhöhle! Luxuriös. So sind die Kleinen beschäftigt, während die Frau Mama sich um die Essensbeschaffung kümmert. Es sei denn, Mamabär trifft einen bärbeißigen Bazi und einen braven Büßer-Bubi …

Der Bär und der Büßer

An einem Sonntag hatte es ein Holzknecht beim Dorfwirt so richtig krachen lassen. Er versoff den Lohn von einer ganzen Woche harter Arbeit in den steilen, bewaldeten Berghängen. Was soll's, dachte er sich, die Arbeit geht mir ja nicht aus, Bäume gibt es hier schließlich genug. Aber jetzt will ich erst mal ordentlich Spaß haben! Und der sonst so fleißige und brave Holzknecht trank literweise Bier und kippte sich dazu einen Schnaps nach dem nächsten hinter die Binde. Als er spätabends endlich zurück zu seiner Hütte tief im Wald wankte, konnte er schon kaum mehr geradeaus gehen und schielte schon ziemlich. Doch den riesigen Braunbären, der sich auf einmal drohend vor ihm erhob, den sah er ganz deutlich. Messerscharfe Krallen, gefletschte Reißzähne. Schlagartig war der Holzknecht wieder nüchtern. In seiner Todesangst betete er zur Gottesmutter Maria. Wenn sie ihn vor dem Untier errette, würde er ihr zu Ehren eine Wallfahrt machen! Und tatsächlich, der Bär brummte verärgert, drehte sich weg – und der schlotternde, zitternde Holzknecht kroch in seine Hütte und schlief voller Dankbarkeit seinen Rausch aus. Am nächsten Tag fragte er einen Freund, ob der vielleicht einen passenden Wallfahrtsort in der näheren Umgebung kennen würde. Da die Arbeiter damals nur den Sonntag frei hatten und sich keinen Urlaub nehmen durften, musste er Sonntagabend wieder zurück sein. Der Freund aber lachte ihn aus. »Was, a Wallfahrt mogst machn? A so a Schmarrn! Es is doch nix passiert! Geh, komm doch lieber wieder mit ins Wirtshaus, da hamma's doch so nett ghabt gestern …« Obwohl die Versuchung so groß war, blieb unser Knecht standhaft. Er ging am nächsten Sonntag nicht mit ins Wirtshaus, sondern machte seine Wallfahrt. Die Kirche, die er sich dazu ausgesucht hatte, war so weit weg, dass er die ganze Nacht für den Rückweg brauchte und erst am Montagmorgen zurückkam. Sein Freund war schon längst bei der Holzarbeit und lachte den müden Wallfahrer hämisch aus. »Geht's da jetzad besser, du Betbruder? Die Müh wär doch gar nicht nötig gewesen!« Im selben Moment stürzte der riesige Bär aus dem Wald, machte kurzen Prozess mit ihm und fraß ihn mit Haut und Haaren auf.

(Nach Gisela Schinzel-Penth)

Keine Bären-Mama, aber eine Lena-Mama ☺

Wollen wir hoffen, dass der riesige Braunbär nur eine arme Bärenmama war, die sich bedroht fühlte.[15] In Wirklichkeit ernähren sich Bären übrigens vorwiegend vegetarisch. Sie fressen tatsächlich lieber Gräser, Wurzeln, Beeren und natürlich Honig statt Menschenfleisch. Um ihren Proteinbedarf zu decken, fangen sie geschickt Fische oder graben mit ihren Krallen die unterirdischen Bauten von Nagetieren aus. Wenn der Bär einmal eine geeignete Höhle gefunden hat, wird er da gern »Dauermieter«. Menschen, die plötzlich in ihrem Re-

---

15 Angeblich stand an der Stelle, wo sich das Unglück zutrug, noch viele Jahre eine Gedenktafel, die der überlebende Holzknecht für seinen ungläubigen Freund gestiftet hatte. Ob er nach dem schrecklichen Vorfall jemals wieder eine Wallfahrt machte oder doch lieber wieder ins Wirtshaus ging, kann sich jeder selbst überlegen.

Erfrischung volle Kraft voraus: Wasserfall bei Wallgau.

vier auftauchen, geht der Bär dann lieber aus dem Weg. Die wilden Bären aus den Sagen sind also meistens einfach Mamas, die ihre Jungen beschützen wollen.

Aber ob Holzknecht oder nicht, Wasser ist ja sowieso viel gesünder als Alkohol: Nach der Bärenhöhle sollten wir unbedingt auch noch dem gar nicht so kleinen »Kleinen Wasserfall« einen Besuch abstatten. Der ausgeschilderte Weg führt weniger steil, als es sich beim Blick von der Bärenhöhle hinab vermuten lässt, bis ganz runter an den »Pool« unterhalb. Vor allem an heißen Sommertagen ist der Wasserfall ein prima Luftbefeuchter zum Durchschnaufen! Hier muss es auch gewesen sein, wo sich das früher um Wallgau herum altbekannte Finzweibl geduscht hat. Vorausgesetzt, so ein Kobold wäscht sich überhaupt …

Das Finzweibl

Auf dem kleinen Hügel oberhalb der Finzbachklamm wohnte ein koboldartiges Wesen, das man das Finzweibl nannte. Es war klein, hatte eine gescheckte Haut und trug stets einen breitkrempigen Hut. Früher war das Finzweibl in Wallgau und Umgebung wohlbekannt. Immer an heiligen Feiertagen erschien es, dann konnte man es durch den Wald huschen oder auf Bäumen sitzen sehen. Auch ortsfremden Bergwanderern zeigte es sich. Oft begleitete es Fußgänger sogar, und zwar vom letzten Haus bei Wallgau bis über die Finzbachbrücke. Dann drehte es um und ging den gleichen Weg zurück bis zu dem Hügel zwischen dem letzten Haus und der Isar, wo es verschwand.

(Nach Willibald Schmidt)

Und warum sollte es dort nicht mehr wohnen? Sagengestalten sind äußerst standorttreu, über viele Jahrtausende hinweg. Trotz seines eher abschreckenden Äußeren gehört das Finzweibl übrigens zur übergeordneten Gattung der Elben, wie die US-amerikanische Kulturwissenschaftlerin Nancy Arrowsmith herausfand. In der europäischen Sagenwelt identifizierte sie über 70 verschiedene Arten davon: Licht-Elben (das sind diejenigen, welche sich dank J. R. R. Tolkien in der Populärkultur der Menschen durchgesetzt haben), Dunkel- und Dämmer-Elben. Letztere stellen die weitaus größte, in ganz Europa vorkommende Gruppe dar – und ihre bayerischen Vertreter sind eben die kleinen Finzweibl mit ihrer fleckigen grauen Haut und behaarten Körpern.[16] Vor ihnen braucht man keine Angst zu haben. Sie bewahren uraltes Wissen, sind tüchtige Hausfrauen, können Laub in Gold verwandeln und unheilbare Krankheiten kurieren. Um in den Genuss ihrer Hilfe zu kommen, muss man nur ein paar ganz simple Bedingungen erfüllen: In Abwesenheit den Wasserhahn tropfen lassen (damit das Finzweibl etwas zu trinken hat) und auf keinen Fall jemals die Knödel im Topf zählen. Das können sie überhaupt nicht leiden. Falls ihr das Finzweibl also irgendwo herumwuseln sehen solltet: Freundlich winken und eventuell ein paar Krümel von der Brotzeit rausrücken (außer natürlich abgezählte Knödel)! Im Gegensatz zur Begegnung mit einem Bären kann dieses seltene Treffen mit einer echten Dämmer-Elbin dann nur gut ausgehen.

Der Rückweg ins Tal führt uns über die Finzbachklamm hinab an die Finzbachfurt, wo man übrigens ganz wunderbar im Kiesbett spielen kann und darf. Doch so manierlich der Finzbach auch daherkommt, bei Gewitter bitte Vorsicht walten lassen: Die Wetterhexen vom Wettersteingebirge sind berühmt-berüchtigt. Einem Wallgau-

---

[16] In unserer Abschlusstour durchs Tölzer Moor treffen wir auf eine nahe Verwandte mit einem schweren Schicksal: das Moosweiberl.

Hier rotten sie sich schon über der Isar zusammen, die Wetterhexen!

er Flößer haben sie einmal an einem einzigen Tag drei Kühe erschlagen – per Blitz.

Wenn man allerdings durch die Finzbachklamm weiter hinaufgehen würde, käme man zur Finz- und Krüner Alm (im Sommer bewirtschaftet) und auf 1894 Höhenmetern schließlich zum Wildsee. Ganz versteckt liegt er in einem Talsattel vor dem Krottenkopf und ist nicht einmal vom Wanderweg aus zu sehen. Der Sage nach wurde er von einer beleidigten Fee erschaffen.

Naturspielplatz
an der Finz

Lenas Tipp

Das Naturkundemuseum »Haus der Steine« von Vera und Sepp Karner (Finzbachstraße 1 am Bärnbichl in Krün – da ist er wieder, der Bär!) vermittelt überwältigenden Einblicke in die Welt der Erdgeschichte: Sogar einen 70 Zentimeter langen, versteinerten Tintenfisch gibt es dort zu sehen, den Sepp Karner am Rißbach gefunden hat. Geologie zum Anfassen. Öffnungszeiten: Montag bis Freitag, 14 bis 18 Uhr, Samstag, 9 bis 12 Uhr. Der Eintritt ist frei (Spenden erwünscht).

Extra-Tour

Wallgau hat natürlich nicht nur einen, sondern gleich mehrere Wasserfälle zu bieten. Ein kurviger Waldsteig führt von Wallgaus nördlichstem Ausläufer, dem Berghof, hinauf zum »Großen Wasserfall« – beim Rückweg macht der wahrlich malerische Wasserfall am Obernachkanal das Wasserfall-Trio komplett: Die ganze Runde hat kaum 100 Höhenmeter, gut 7 Kilometer und ist für motivierte Wanderwichtel in 2½ Stunden zu schaffen.

AUSFLUG 7

Mit den Wetterhexen und dem Märchenkönig zur Auhütte

In Wallgau waren sie alle: Johann Wolfgang von Goethe, Heinrich Heine … In Wallgau gibt es nicht nur das älteste Postwirtshaus Deutschlands (Die »Alte Post« von 1621) und eine Bärenhöhle (siehe Tour 6), sondern auch gleich zwei Isarbrücken, von denen man komfortabel direkt ins Wandervergnügen startet. Leichter kommen Wichtel nicht zur Einkehr auf eine echte Alm! Man muss nur ab und zu auch in die Höhe gucken …

Tour: Rundweg, Schwierigkeitsgrad leicht, kinderwagentauglich

Route: Wallgau – Forststraße – »Auhütte« – Magerwiesen – Kiesbett – Wallgau

Anfahrt: Am besten mit dem gelben Wanderbus der Alpenwelt Karwendel (Mai bis November) oder dem roten Oberbayernbus, Fahrpläne auf www.dbregiobus-bayern.de

Länge: 3 Kilometer, 40 Höhenmeter

Start-/Zielpunkt: Parkplatz Isarsteg, Kalkbrennerstraße 7, 82499 Wallgau

Isarbett

Gleich hinter der Brücke geht es nach links runter ins Kiesbett. Ein Magnet für Pritschler und Bachstelzen, aber auch für Steinsammler und Sachensucher aller Altersgruppen. Und das Beste: Die Isar ist hier so flach und zahm, dass sie sich auch von kurzbeinigen Nichtschwimmern gefahrlos bespielen lässt. Wer allerdings gerne mit trockenen Füßen zu Tisch sitzt, sollte den Besuch der »Auhütte« vorziehen.

Hierzu studieren wir erst kurz die Informationstafeln zur örtlichen Flora und Fauna (na, wer entdeckt heute noch eine Silberdistel, eine Blindschleiche oder gar eine Kugelige Teufelskralle?) und wenden uns an der Weggabelung dahinter nach rechts. Sobald wir den Fuß der Geröllstufe erreichen, erklimmen wir diese – entweder auf dem Serpentinenfußwegerl (mit Kinderwagen) oder über die Holztreppe 100 Meter dahinter. Jetzt schlendern wir auf der Forststraße fast ebenerdig die 10 Minuten hinüber zur »Auhütte«. Weil wir hier 20 Meter über dem Flussbett unterwegs sind, haben wir eine gute

Steinmanndl im Wald

Schwimmwindel? Egal! Hier wird sowieso nur gepritschelt.

Orientierung und können schon mal die anstehenden Abenteuer planen.[17]

Außerdem sieht man von hier aus ganz hervorragend, wieso »Walhogoi«, das Gau der Walchen, so uralt ist. Das breite Kiesbett der Isar, das uns heute wie ein gigantischer Naturspielplatz erscheint, bedeutete vor der Regulierung wegen der häufigen Überschwemmungen nämlich eine ständige Bedrohung. Nur eine kleine Gemeinschaft von zähen Exilrömern und ehemaligen Legionären traute sich vor 1500 Jahren trotzdem, hier zu siedeln, weil die wilde Isar sie eben auch vor den zuwandernden Bajuwaren beschützte, die es lieber trocken hatten. Die Bajuwaren aber, die sich in der Besiedelungsfrage längerfristig doch durchsetzten, gaben den starrköpfi-

---

[17] Hier ganz in der Nähe, am Seinsbach und im Ried (wo heute die Sportanlage und der Krüner Flößerspielplatz sind) wurde im Jahr 1929 die Ludwig-Ganghofer-Verfilmung »Das Schweigen im Walde« gedreht, in dem sich der unglücklich verlobte Fürst Heinz von Ettingen (dargestellt vom Regisseur Wilhelm Dieterle selbst) in die vom Dorf ausgestoßene hübsche Malerstochter Lo verliebt. Damals war das Schwarz-Weiß-Drama ein echter Straßenfeger – und es ging auch noch gut aus.

Idyll am Walchenseeufer

gen Ureinwohnern einen Namen: »Walhi« (gesprochen »Walchi«). Die Walchen oder Welschen, was so viel wie »Fremde« bedeutete.[18] Wie unfair, schließlich war es eigentlich genau andersherum!

Doch die alteingesessenen, zähen Walchen erhielten sich ihre lateinische Sprache und Gebräuche noch jahrhundertelang. Die ganz alten Wallgauer Familien stammen also von den Römern ab – die Geschichte von Asterix und Obelix mal umgekehrt. Auch der nur 2 Kilometer oberhalb von Wallgau gelegene Walchensee hat seinen Namen in Wirklichkeit von den starrköpfigen »Walhi« und nicht vom schlafenden Riesenwaller (Wels), der München wegzuspülen droht (die entsprechende Sage findet sich in unserer Tour 16). Rund um Wallgau brauchen wir uns nicht vor der Wut des Wallers fürchten: Die »Auhütte« (857 Meter) liegt sichere 56 Meter über dem Walchensee und damit nicht im Überschwemmungskorridor. Sie eignet sich perfekt als Ersteinkehr für minderjährige Wichtel, sogar mit dem Laufrad. Hier droht die Gefahr eher von oben, aus den Lüften!

---

18 Darauf geht heute noch der schöne Begriff »Kauderwelsch« für unverständliche Sprache zurück.

Die Wetterhexen von Wallgau

Einem Wallgauer Flößer waren an einem Tag drei Kühe vom Blitz erschlagen worden. »Wenn damals schon der neue Herr Benefiziat da gewesen wär, hätte ich meine Kühe noch«, jammerte der Flößer. »Oh! Des ist ein frommer Herr, der betet alle schweren Wetter weg. Seit der da is, kommt gar keins mehr herein nach Wallgau. Wir beten auch alle Tage, dass der dableibt.« Zum Schutz gegen die Hexen werden auf den Flachs- und Getreideäckern geweihte Palmzweige, die »Hexenbesen«, aufgesteckt und Hexenkräuter in die Stallecken gesteckt oder es wird ein stinkender schwarzer Bock eingestellt, damit die Hexen das Vieh nicht krank machen können. Wenn ein Bauer eine Reise in die Stadt nach München machte, fütterte er das Vieh zuerst mit geweihtem Salz oder geweihten Kräutern, damit ihm die Hexen nicht »ankonnten«, solange er fort war.

(Nach Gisela Schinzel-Penth)

Seht euch mal um: Keine Wetterhexen in Sicht? Puh! Ansonsten wird's schwierig, da viele typische »Hexenkräuter« wie das Johanniskraut und die Stechpalme heute streng unter Naturschutz stehen. Stinkende schwarze Ziegenböcke auf den Spaziergang mitzunehmen, hat sich auch eher nicht so bewährt.[19]

Allzu viel Zeit sollte man sich bei der Anreise zur Auhütte trotzdem nicht lassen, da sie nur von Muttertag bis Mitte Juli und danach wieder von Mitte September bis zum Kirchweihmontag im Oktober ge-

[19] Etwas weiter die Isar hinunter kann man allerdings eine Alpaka-Wanderung buchen; zum Beispiel bei www.isartalalpakas.de oder www.isar-alpakas.de. Finden die Hexen bestimmt auch ziemlich verstörend. Echte mehr oder weniger stinkende Ziegen dürft ihr gerne in Schlehdorf besuchen, siehe Tour 12.

öffnet ist – dazwischen weiden die Kühe und Pferde weiter oberhalb auf der »Fischbachalm« (1402 Meter). Am besten vorher absichern, wo gerade Betrieb ist. Ein Picknick im Kiesbett am Isarsteg ist aber immer eine prima Alternative für Dauerhungrige.

Lenas Tipp

Wer die Landschaft zwischen Isarsteg und »Auhütte« noch nicht märchenhaft genug findet (besonders im Frühjahr glitzern zwischen den Grasbüscheln unzählige Spinnennetze wie Feenhaar), holt sich seine Dosis Schneewittchen und Co auf dem Wallgauer Märchenweg. Er beginnt praktischerweise zwischen Finzbrücke und Waldspielplatz und bietet liebevoll dekorierte Vorlesesitzgruppen sowie Spielestationen zu bekannten Märchen.

Extra-Tour 1

Wer wirklich über Trittfestigkeit und Schmalz in den Waden verfügt, wandert erst zur »Fischbachalm« (Gehzeit von der Auhütte aus gute 2 Stunden, 500 teils steile Höhenmeter) und danach noch einmal 2 Stunden weiter hinauf bis zu den Soiernseen, die auch als »Himmelsaugen« bezeichnet werden. Hier oben genoss König Ludwig II., jedes Jahr ein paar Tage die Sommerfrische. Auch er schätzte die »romantische Lage und Fernsicht«. Am Ufer gab es damals einen Pferdestall, Proviantlager und Unterkünfte für die Angestellten, der König selbst residierte 70 Höhenmeter weiter oben im 1866 errichteten Jagdhaus.[20] Um die Romantik voll auszukosten, ließ er sich in Vollmondnächten in einem geschmückten Ruderboot über die beiden Seen rudern – das hierfür benötigte, sicher nicht besonders schlichte Boot mussten ihm die Bediensteten vorher extra den Berg hinauftragen.[21]

Soiernkessel mit Auge

---

20 Wo einst der Märchenkönig schlief, kann man auch heute noch übernachten: Als »Oberes Soiernhaus« wird seine Jagdhütte vom Deutschen Alpenverein betrieben. So prächtig wie damals, mit Eichenmöbeln, Tapeten und Teppichen, ist es allerdings nicht mehr. Auch die Kupferstiche und Aquarelle mit Darstellungen aus der französischen Königsgeschichte sind verschwunden. Gemütlich aber ist es immer noch!

21 100 Jahre später drehte der Regisseur Werner Herzog mit dem auch ziemlich königlichen Klaus Kinski den Film »Fitzcarraldo«, der eine ganz ähnliche Story hat: Hier muss allerdings ein ganzes Dampfschiff einen Dschungelberg hinaufgezogen werden.

Extra-Tour 2

Wer dagegen nach dieser friedlichen Tour noch etwas leicht erreichbare Action braucht, sollte die Walchenklamm besuchen: Hier haben die grünen Fluten der wilden Walchen in Jahrtausenden einen Canyon in das dunkle Kalkgestein geschliffen. Am besten ist die Klamm nach nur 300 Metern von einem Wanderparkplatz aus erreichbar.[22] Nur 600 Meter östlich der Walchenklamm (Luftlinie), auf dem Achenpass, verläuft übrigens die Wasserscheide zwischen Isar und Inn. Das bedeutet: Alles Wasser südöstlich davon fließt gar nicht in unsere bayerische Isar, sondern in den eher österreichischen Inn und damit bereits bei Passau in die Donau. Kein Wunder, dass sich die Wetterhexen an dieser strategisch wichtigen Stelle besonders wild aufführen!

Tipp von Andis Mama

Einen schönen Gruß von meiner Mama, die ist nämlich Stammgast in der »Auhütte« und liebt dort besonders die sagenhafte Almtorte, weswegen sich allein schon der Weg lohnt. Denn die ist luftig leicht und doch voller Biskuit, Frischkäse und (gesunden) Mandarinen. Den Süßkramverächtern sei versöhnlich empfohlen: Der Wirt metzgert selbst und die regionalen Erzeugnisse gibt's für Fleischkatzen auch vor Ort. Danke Mama!

---

22 Hier Achtung beim Überqueren der B307 – schlecht einsehbare Kurve mit Rasern! Für den Verkehrsstress entschädigt der Bogenschützen-Parcours im Wald am westlichen Rande des Parkplatzes: Vielleicht habt ihr ja Glück und es ist gerade Betrieb, der Anblick entschleunigt ganz wunderbar.

Die wilde, aber gut gesicherte Walchenklamm

AUSFLUG 8

Für faule Flößer gut geeignet: Flößerei am Krüner Stauwehr

Dieser Erkundungsspaziergang immer an der Isar entlang bis zum Stausee bei Krün bietet trotz geringer Länge ein volles Erlebnisprogramm mit allen Sinnen: fühlbare Flößergeschichte(n), der Geruch von blauem Zauberfeuer, der Geschmack wilder Johannisbeeren, hörbare Natur vom Krähenruf bis zum Schafsblöken und die sichtbare Kraft der Wasserwelt. Und für Sport ist auch noch Zeit.

Tour: Ganz einfacher Rundspaziergang und noch dazu kinderwagentauglich

Route: Krün – Isarwehr – Isarsteig – Isarstauseerunde – Naturerlebnispfad Krün und zurück

Dauer: 90 Minuten mit Chance auf Verlängerung beim Flößerspielplatz oder mit einer Ortsrunde Krün

Anfahrt / Parken: Von der Bundestraße aus Garmisch oder Mittenwald kommend bei der Ausfahrt zum Industriegebiet Krün-Süd abzweigen und am besten dort parken. Krün ist per Bus mit dem ÖPNV angebunden und die Tour kann auch vom Ortskern in Richtung Isar gestartet werden.

Start-/und Zielpunkt: Am Stausee, 82494 Krün

Für diese Tour habe ich mir fachkundige Unterstützung eingeladen. Mein Co-Autor Markus ist zehn Jahre alt, ein echter Entdecker vom Land und Kärntner Abenteurer. Zudem ist er mein Patenkind und Neffe und er hat sich gleich als Wanderbegleiter und Fotomodel empfohlen.

Wir starten nicht ganz so romantisch, aber dafür recht praktisch im Industriegebiet Krün-Süd mit seinen vielen Möglichkeiten zum Parken und der Chance, uns bei diversen Discountern Verpflegung für unseren gut 90-minütigen Spaziergang beschaffen zu können. In sicherer Entfernung zum Umspann- und Überleitungsgewirr des Stromwerkes geht es ausgeschildert weg von der Straße und hinein in einen buckelbewiesten Wald zum Isarufer in Richtung Krün. Auf dem Weg bietet eine niedrige Schranke für Zehnjährige eine

Glasglatter Wasserspiegel am Stauwehr

Unser Entdecker an der Fischtreppe und auf der Steinpyramide

machbare, für Erwachsene eine schwerlich bestehbare Chance zum Limbo-Contest (Markus hat gewonnen).

Das Wasserrauschen zieht uns weiter bis zum Isarstauwehr, wo wir auf eine Fischtreppe stoßen, die allabendlich anscheinend auch der Fischotter als beliebtes Drive-through-Restaurant nutzt. Wir hingegen machen Halt an einer überdachten Brotzeitbank mit feinem Karwendelblick. E.ON hat hier in eine Wasserkraft- und Stauanlage investiert, wovon die vielen Oberlandleitungen zeugen. 2012 wurde den Äschen, Koppen und Bachforellen der Schlitzpass-Pater-Noster in Form einer Fischtreppe spendiert. Wer einen Fisch beim Aufstieg entdeckt, hat Glück.

Wir spazieren linkerhand zwischen Obernachkanal und Isardelta am Fluss entlang, der im Sommer milchig und im Frühjahr stahlblau vorüberzieht und Markus zum Steineschnippen verleitet (er hat wieder gewonnen). Man kann aber auch die Lehrsteinpyramiden hi-

Markus (links) und Pferde

Blätterrennen im Wasserbecken

naufkraxeln und die geologischen Zungenbrecher vom Rhatolias-Riffkalk bis zum Onkolyten üben.

Man sieht, was die Isar über die Jahrtausende so alles daher geschwemmt hat. Was die Menschen später auf dem Fluss trieben – dazu später mehr … Die Isar verkrümmt sich hier in ein natürliches Delta, schrumpft und schwillt, will Bächlein und Strom zugleich sein und bleibt wegweisender Begleiter in Fließrichtung. Die Kirchenglocken von Sankt Sebastian und die etwas kleineren Glocken von Schafen und Kühen verweisen hörbar darauf, dass Krün samt Einkehr und überregional beliebtem Flößerspielplatz ganz nah liegt.

Kurz vor der Isarbrücke ermöglicht eine Sandbank ein kleines (Fuß-)Bad und wir nehmen den Naturerlebnispfad auf der östlichen Isarseite zurück in Richtung Stausee (immer gut beschildert). Hier ist der Fluss zunächst nur eine gewundene Kreuzotternlache, bevor er sich wieder größer und mächtiger und auch lauter vor uns auftut. Davor quert man eine Pferdeweide, deren Ausblick via Isar hinüber zum Bischof- und Krottenkopfgipfel gigantisch ist. Hat man Glück, trifft man gutmütige Haflinger vor Ort und in Streichellaune an.

Markus hat Glück und nach einer längeren Pause geht's weiter zum Wasserexperimentieren am Hüttlegraben mit Chance zum Abzweigen in die Hüttlebachklamm (siehe auch Tour 8). Die Station des Erlebnispfades zeigt, wie wichtig gesunder Wiesenboden als Schwamm gegen Überschwemmungen hilft, was die Kinder pritschelnd probieren können. Kneipps Jünger dürfen parallel Füße und Arme herunterkühlen. Der Armwasserlauf wurde von Markus gleich zur Blatt-Wett-Schwimmbahn umfunktioniert. Mit einer Bestzeit von 8 Sekunden und einem 1000stel hat er übrigens – wen wundert's – schon wieder gewonnen.

Ein paar Kurven weiter durch den beschaulichen Märchenwald auf der Isarhöh und wir stehen am nachgebauten Isarfloß samt Holzstoß und Brotzeitplatz und Fotomotiv und Renn-/Tollfläche und, und, und. Und hier nun sind wir im Zentrum der …

Isarflößerei

Nachmessbar 19 Schuhe à 29 Zentimeter oder neuzeitlich 4,6 Meter breit war der Prototyp des Isarfloßes, das den Krünern – wie weiteren Gemeinden an der oberen Isar – einen enormen Aufschwung erfahren ließ, weswegen der Flößerhaken noch heute im Krüner Wappen prangt. Als Bau- und Brennmaterial für München, Freising, Landshut und sogar Wien wurden darauf die genormten »Münchner Stangen« aus dem Oberland isarabwärts geschickt. Aber nicht nur Holz, sondern auch Luxuswaren aus Italien wurden per Flussfloß gen München geschifft. Zudem gab es aufgrund der massiven Schnelligkeit der hölzernen Gefährte auch Personentransporte: Schließlich war man mit einem sogenannten Ordinarifloß in 12 (!) Stunden

von Mittenwald aus schon in München und in 36 Stunden (reine Fahrzeit) an der Donau.
Einem der berühmtesten Fahrgäste aber kostete diese im Vergleich zum Pferdegespann schnellere Alternative einige Lebensjahre: Der Optiker, Erfinder, Astronom und Namensgeber der Fraunhofer Gesellschaft Joseph von Fraunhofer bestieg 1826 nach einer Bergtour bei Vorderriß das Isarfloß. Wäre er nur an Land geblieben! Denn den ohnehin Lungenkranken befiel auf der zugigen Fahrt Schüttelfrost und am 7. Juni starb er in München und wurde dennoch durch seine wissenschaftliche Leistung unsterblich.
1921 war dann ganz Schluss mit der Flößerei, denn ab diesem Zeitpunkt kassierte das Walchenseekraftwerk der Isar das Wasser. Heutige kommerzielle Flößer schippern auf ihren Gaudifahrten erst ab Wolfratshausen Kind, Kegel, Fassl, Fusel und Musi nach München.

Tipp: Lesenswert zum Flößereiwesen sind Ludwig Thomas Schilderung einer »Seeschlacht auf der Isar« und »Die fidele Floßpartie« von Helga Lauterbach.

Nach so viel Geflöße gönnt sich auch unser fauler Flößer eine Pause, nun geht es zum letzten Abschnitt des Spaziergangs auf Schusters Rappen. Am Isarstausee angekommen kann man auf »Rätselsäulen« Eule, Reh und Frosch durch Abgüsse und Rufe erraten. Blecherne Repliken der Tiersilhouetten verstecken sich teils geschickt im Wald und wollen gesucht und gefunden, aber bitte nicht beschossen werden, denn dann lockt vielleicht sogar ein Löffel voll Gold:

Der Wildschütz von Krün

Der alte Gerold hütete lange in Krün einen Schatz seines Großvaters, der auf den ersten Blick unscheinbar, auf den zweiten Blick aber sagenhaft ist: Einen einfachen Blechlöffel fand sein Opa, ein gefürchteter Wilderer, einst hier an der Isar, als es noch Sagengestalten und märchenhafte Männlein gab.

Tiefs des Nachts stieg der Wildschütz mit geschwärztem Gesicht, der Flinte über der Schulter und toten Hasen in der Waidtasche vom Garsleiner Bach ab. Er wollte nicht entdeckt und vom Jäger gestellt werden, entdeckte aber in tiefster, dunkelster Nacht selbst plötzlich ein bläulich geheimnisvolles Licht am Fluss. Neugierig pirschte er sich geduckt heran und erkannte sogleich eines der seltenen Venedigermännlein, diese bärtigen Zwerge, die aus Italien hierher wanderten und die Berge, die Goldadern und die Flussgeheimnisse ebenso gut kannten wie ihre winzigen Westentaschen. Dieser stand bis zur Hüfte im Wasser, das dem Wildschütz nur bis an die Knöchel reichte.

Aus ihren Erdspiegeln lasen die Zwerge die Zukunft und dieser hier schmolz gerade einen Goldbrocken, den er in der Isar bei Krün aus dem Wasser gewaschen hatte, auf einem Löffel über einer wunderlichen blauen Flamme ohne Docht und Quelle. Dürfte er doch selbst einmal durch den Erdspiegel blicken, so würde er reich und angesehen werden, dachte sich der Wildschütz und wollte das Venedigermandl um diesen Gefallen bitten. Doch kaum trat er platschend näher, ging die Flamme aus, der Spiegel samt dem Zwerg verschwand, vom Gold keine Spur. Doch da lag der Löffel am Ufer vor seinen Füßen – als Zeugnis des Geschehenen. Der Wildschütz hob ihn auf und nahm ihn als Andenken mit. Später vererbte er ihn seinem Enkel Gerold und erzählte dem Kind von seiner magischen Begegnung an der Krüner Isar nach dem Wilddiebstahl.

(Zusammenstellung von Andreas M. Bräu)

Den Löffel kann man suchen, man wird ihn aber noch seltener als das Gold oder die Venedigermandl finden. Da sind die versteckten Tiere zum Fotowildern noch am leichtesten zu treffen. Uns führen sie zum Seinsrautbachbecken und zum Stausee und zur zweiten Isarbrücke, der Flößerbrücke aus dem Jahr 2009. Der See hat ein ganz neues Biotop für Tiere und Pflanzen geschaffen. 21 Schwäne hat Markus mit viel Anstrengung (weil sie auch nie stillsitzen wollen, die Schwäne!) gezählt und seine Spiegelung im Wasser vor das perfekte Abbild des Felsmassivs im See gestellt.

Hier ist noch die Chance auf einen Balanceakt am Baumstammpfad (wer gewonnen hat, ist klar, oder?) und am Stausee entlang geht's zurück zum Stromwerk und zum Ausgangspunkt der Tour. Am Ende haben wir dann noch beide gewonnen: Nämlich eine akustisch-historische, goldig-floßsatte und dabei tierisch-entspannte Tour an, über, um und auf der Isar hinter vor und bei Krün.

Andis Tipp

Wer nach der circa 90-minütigen Runde so richtig Hunger hat und aus dem Bayerischen einmal in die USA auswandern will, dem sei »Mike's Diner« in Krün, direkt am Ausgangspunkt und gut beschildert, empfohlen. Hier kann man bei moderaten Preisen und in Gesellschaft von gewitzter Ami-Nostalgie so richtig ungesund und lecker schlemmen, denn dafür ist Wirtin Uschi als bekennender USA-Fan samt Ami-Schlitten, Fahnenmast, Ronald McDonald und weiteren kultigen Ausstellungsstücken in ihrem liebevoll eingerichteten Diner berühmt. Enjoy your meal!

Extra-Tour

Der 1178 Meter hohe Krepelschrofen auf der anderen Isarseite lässt sich in einer Stunde locker erklimmen und bietet uns einen guten Überblick auf die vorhin erlebten Abenteuer. Krepelschrofen bedeutet übrigens »Der raue Fels«. Der keltische Wortstamm »Krep« oder »Krap« findet sich in vielen Ortsbezeichnungen Oberbayerns, so zum Beispiel auch im Grainauer Krepbach. Doch keine Angst, so richtig rau sieht der Krepelschrofen nur von unten aus: Je höher man steigt, desto zahmer wirken die Felszacken. Lena fühlt sich bei ihrem Anblick immer an die »Lucky Luke«-Comics erinnert, wenn der einsame Cowboy in den Sonnenuntergang zwischen den Felsbrocken reitet … Bei Lucky Luke ist natürlich Wüste drumherum. Aber Achtung: Auch auf dem Krepelschrofen kann die Sonne ganz schön knallen!

Blick vom Krepelschrofen auf Wallgau

AUSFLUG 9

In der Sackgasse der Steinmännlein und Wurzelzwerge

Dieser Ausflug ist unser kürzester und dennoch eine tagesfüllende Tour, ideal geeignet für lauffaule Zwerge: einfach ab ins gigantische Kiesbett des Rißbachs! Ohne Wege, ohne »Wie lange noch?«-Fragen direkt hinein ins steinige Vergnügen. Wir suchen eine verlorene Alm, klettern auf eine historische Wehranlage und lernen ganz spielerisch, geologische Zusammenhänge zu verstehen. Aber Achtung: Nur bei trockener Witterung (und zwar auch in den Tagen davor) ist das Kiesbett wirklich sicher.

Tour: Schwierigkeitsgrad einfach, nur auf der Asphaltstraße kinderwagentauglich, Planschmöglichkeit

Route: Vorderriß – Kiesbett – (Wehranlage Fischbachsteg – Fermersbach) – Isar

Länge / Dauer: Nach Belieben. Das Bewundern der vielen Isarkiesel braucht schließlich Zeit.

Anfahrt / Parken: In der Saison (Mai bis Oktober) verkehrt der rote Bergbus des *DAV* ab Bad Tölz/Lenggries bis zu siebenmal täglich nach Vorderriß und weiter bis in die Eng. Ansonsten führt kein Weg an der Mautstraße vorbei. Wer dort auch einkehrt, darf bestimmt beim Gasthof »Post Vorderriß« stehen bleiben. Andernfalls gibt es etliche »wilde« Parkmöglichkeiten bachaufwärts.

◉ **Start- / Zielpunkt:** 83676 Vorderriß bzw. Oswaldhütte, Rißbachtal 34, 83661 Lenggries

Ein Schottergarten der Natur? Nein, diese Wüste lebt: Der auf den ersten Blick so karge Steinboden bietet einen Rückzugsort für jede Menge Pflanzen und Tiere. Es sind Überlebenskünstler. Sie kommen nicht nur prima damit klar, dass sich ihre Heimat zur Schneeschmelze im Frühjahr und nach üppigen Regenfällen in einen reißenden Strom verwandelt, sie finden das sogar praktisch: Denn diesen speziellen Lebensraum, den nimmt ihnen so schnell keiner weg![23]

Steinmännlein aufschichten ist übrigens gar nicht so einfach, wie es aussieht. Schon allein damit kann man sich stundenlang beschäftigen und währenddessen ein wenig über die erdgeschichtlichen Zusammenhänge nachdenken, die zur Bildung all dieser verschiedenen Klumpen geführt haben: das ist Geologie-Yoga. Wer das eine Weile versucht, ist bestimmt entspannter als die Umgebung. Denn große Umbrüche lauern schon. Es nagt nicht der Zahn der Zeit – es nagt das Wasser, und bekanntlich höhlt ja steter Tropfen den Stein: Irgendwann in näherer Zukunft wird die Isar hier durchbrechen und sich ein paar 100 Meter weiter südlich mit dem Rißbach vereinigen. Dann sieht das Gelände hier ganz anders aus, und auch unsere Steinmännlein sind wieder Geschichte. Wann genau das allerdings passieren wird, das lässt sich schwer vorhersagen. Ob es dafür noch zwei Hochwasser braucht oder drei oder vier … für die Erdgeschichte ist das natürlich ein Klacks.

Das ganze Gebiet um Vorderriß (das verwaltungstechnisch zu Lenggries gehört) ist überaus inspirierend, wie sich am Beispiel

---

23 Deshalb sollten wir mit dieser Tour auch lieber bis Ende Juli warten: Dann sind gefährdete Bodenbrüter wie Flussregenpfeifer und Flussuferläufer im Normalfall fertig mit der Kükenaufzucht.

Zukünftiger Isardurchbruch (rechts im Bild)

des bayerischen Heimatdichters Ludwig Thoma im Wortsinne »ablesen« lässt. Der wurde in Oberammergau geboren und verlebte seine Kinderjahre im Forsthaus Vorderriß, wo sein Vater Max als Förster angestellt war. Die Familie Thoma siedelte 1874 nach München über, da war der kleine Ludwig erst sieben Jahre alt. Trotzdem prägte das einsame Aufwachsen im Rißbachtal sein ganzes späteres Schaffen. Ludwig Thomas wohl bekanntestes Werk (und auch das am wenigsten umstrittene) sind zweifellos seine »Lausbubengeschichten«, in denen er weitestgehend autobiografisch von seinen eigenen Kinderstreichen erzählt. Und die waren teilweise wirklich fies, Mannomann![24] Auf solche Ideen kann man wohl nur in dieser fantasieanregenden Einöde kommen.

Doch wer sich vor 100 Jahren in den Kiesauen herumtrieb, hätte vielleicht einen anderen Förster getroffen: den Herrn Adolf Runge. Im Jahr 1920 kam er mit seiner erst 18-jährigen Ehefrau Frieda hierher, um Wald und Wild zu beschützen. Die gebürtige Schwäbin Frieda, die schon als Zwölfjährige heimlich Gedichte schrieb und im »Illerboten« veröffentlichte, fand in der Region ihre Seelenheimat. Als sie 1984 in Lenggries starb, konnte sie auf Dutzende Romane zurückblicken. Auch wenn wir die Probleme der Figuren teilweise nicht mehr ganz nachvollziehen können und obwohl (oder weil?) der Herzschmerz nur so trieft, werden Frieda Runges dramatische Geschichten heute noch gern gelesen.

Ein weiblicher Ludwig Thoma – aber ganz ohne politische Brisanz. Denn diesen beliebten Heimatdichter überkam in seinen letzten Lebensjahren auf einmal der, Verzeihung, verbale Brechdurchfall: Für den »Tölzer Kurier« schrieb er eine hasstriefende, antisemitische Hetzerei nach der anderen. Trotzdem tragen bis heute Schulen und Straßen seinen Namen und die Diskussion über diese Ehrung des Schriftstellers wird inzwischen heftig ausgetragen. Bei der werten Kollegin Frau Runge dagegen gibt es keine Überlegungen zu eventuell notwendigen Umbenennungen, denn es ist eh keine Schule, keine Straße, kein noch so kleines Wegerl nach ihr benannt. Sie hat ja noch nicht einmal einen eigenen Wikipedia-Eintrag, die Ärmste! Dabei sah sie sogar weit besser aus als der fade Thoma mit seinem ernsten Blick und dem borstigen Bart. Vielleicht wäre es da die sa-

[24] Er klaut Pfirsiche aus dem Schulgarten, raucht Zigaretten, sprengt das teure Modelldampfschiff eines vornehmen Feriengasts und zerstört überhaupt ziemlich viele wertvolle Gegenstände.

Schlucken all das schöne türkisgrüne Wasser: die Wehre, hier am Rißbach

lomonischste Lösung, einfach alle Ludwig-Thoma-Straßen et cetera zu Frieda-Runge-Straßen zu machen.[25]

Wer sich ein bisschen weiter ins Rißbachtal hinein Richtung Tirol wagt, trifft nach 1½ Kilometern auf den rechts abzweigenden Fischbach mit seinem beeindruckenden alten Stauwehr: Das Wasser fließt unterirdisch kilometerweit bis in den Walchensee. Wieder

25 Frieda Runges einschlägige Romane wie »Veit und Rosemarie«, »Föhn über Brauneck« oder das Ehebruchdrama »Die ehrlose Wildbacherin« sind heute sogar als Hörbücher erhältlich, eingesprochen von niemand Geringerem als Christian Tramitz und musikalisch untermalt von der »Biermösl Blosn«. Vielleicht eine passende Einstimmung während der Anreise?

einen Bergrücken weiter kommt der Fermersbach dazu, der seit 1493 die Grenze zwischen Bayern und Tirol bildet. Für eine verdiente Brotzeitpause nach insgesamt knapp 5 Kilometern bietet sich hier die urige »Oswaldhütte« an (siehe dazu auch Lenas Tipp). Und dieser muntere Grenzgebirgsbach bringt eine alte Sage mit, die uns heute noch zur Vorsicht im Umgang mit den Gaben der Natur warnt: Irgendwo da oben im Fermersbachtal, am sanften grünen Rücken des Fermersbergs (auch Fermerskopf genannt), lag nämlich einst eine überaus fruchtbare Alm, die längst nicht mehr bewirtschaftet werden kann – sie ist nämlich *verschnieben* (verschneit). Dort herrscht also permanenter Dauerfrost, auch im Sommer! Sagen von verschneiten oder »übergossenen«[26] Almen sind im Alpenraum weit verbreitet. Das war einerseits eine Erklärung, weshalb der Schnee auf manchen Almen besonders lang liegen blieb, andererseits eine Warnung für die Almleute. Eine Besonderheit bei dieser lokalen Erzählung: Hier ist sogar der Klimawandel mal herzlich willkommen!

Die verschniebene Alm

Tief in der Riß, am Fermersberg, lag einst eine sonnige Alm. Doch dort ging es den Menschen und Tieren zu gut: Weil die Kühe, Schafe und Ziegen so viel Milch gaben, wussten die Leute gar nicht mehr, was sie damit machen sollten. Zum Baden nahmen die Frauen Milch statt Wasser, weil das angeblich schöner macht. Doch nach dem Baden gossen sie die Milch einfach auf die Wiese, wo sie versickerte. Die Männer aber fanden, dass ihnen der einfache Holzboden zu hart

[26] »Übergossen« bedeutet hier den übermäßigen Bewuchs mit Moos/Flechten aufgrund Überweidung. Durch solche Misswirtschaft finden die Tiere nicht mehr genügend Futter, die Alm wird unbrauchbar.

sei, also pflasterten sie ihre Hütten mit ganzen Käselaiben und verschmierten die Fugen mit Butter. In ihrem Übermut spielten sie sogar mit den Käselaiben Ball. Jeden Abend kamen Musikanten aus dem Tal, und dann feierten die Almleute wilde Feste bis spät in die Nacht. Sie hatten ja nur wenig zu tun und mussten nicht früh aufstehen. Doch als sich eines Tages ein halb verhungerter, alter Bettler auf die Alm schleppte, da wollten sie ihm nichts geben. »Ich habe so schrecklichen Hunger und Durst«, klagte der arme Mann einer Sennerin. »Gebt mir bitte etwas Brot und Milch, Gott wird euch danken!« »Ja und? So ein Faulenzer wie du hat hier gar nix verloren, wir haben nichts zu verschenken!«, rief die Sennerin und drückte ihm statt Brot einen Stein in die Hand. Dann schlug sie ihm die Tür vor der Nase zu. Im Gehen aber wandte sich der arme Bettler noch einmal um, schleuderte den Stein in die blühenden Wiesen und rief: »Da eure Herzen so hart sind wie dieser Stein, verfluche ich euch! Auf ewig soll Schnee auf dieser Alm liegen. Ihr sollt die Armut selbst spüren!« Noch in der gleichen Nacht fiel Schnee in diesem Teil des Gebirges und blieb für immer liegen, auch im Sommer. Vorbei war es mit den blühenden Wiesen auf dem Fermersberg. Angeblich soll der Schnee erst schmelzen, wenn die Familie der hartherzigen einstigen Besitzer ausgestorben ist.

(Nach Carl-Josef von Sazenhofen und Gisela Schinzel-Penth)

Vielleicht mögt ihr ja ein bisschen ins Fermersbachtal hineinspazieren und nachgucken, ob auf der verlorenen Alm immer noch Schnee liegt? Dann seid ihr echte Grenzgänger, die ganze Zeit mit einem Fuß in Bayern, mit dem anderen in Tirol! Und so eine kleine Schneefrau als Ergänzung zu den ganzen Steinmännlein – das wäre doch ein super Team.

Extra-Tour mit Lena

Im August 2009 bin ich im strömenden Regen die komplette Teerstraße bis Hinterriß hinauf gewandert: Auf den Spuren von Ludwig Grassls »Traumpfad über die Alpen« marschierte ich damals in zehn Tagen von München bis Brixen. Es war grandios (bis auf eben diese eine Etappe auf der verregneten Teerstraße). Dann war der Urlaub vorbei und im nächsten Jahr durchkreuzte mein Erstgeborener die Pläne. Aber irgendwann, vielleicht als Oma, beende ich die Tour noch, garantiert! Ihr könnt ja schon mal ein bisschen vorlaufen und die Strecke erkunden. Zum beeindruckenden Grenzstein mit dem kantigen Tiroler Adler im Seventies-Style sind es zum Beispiel von Vorderriß aus 5 Kilometer – das schafft ihr!

Uralte Grenzsteine, zu finden auf dem Demeljoch hoch über Fall, aber da müsste man schon gute 1000 Höhenmeter überwinden.

Lenas Tipp

Anständiges, herzhaftes Essen (aber auch hausgemachte Süßspeisen) und einen kleinen, netten Spielplatz gibt es im Gasthof »Post«. Im »Touristenlager« daneben können Wandersleute günstig und mega-urig übernachten. Wer bis zur Grenze kommt, kann sich in der »Oswaldhütte« (Achtung! Nur Sommerbetrieb von circa April bis Oktober – vorher erkundigen!) mit Brotzeit und Kuchen stärken.

AUSFLUG 10

Edle Rösser, alte Häuser und eine Rallye zum Tatort in der Mordau

Historische Höfe und heutiger Rätselspaß, tierischer Start, sich kugelnde Waldgaudi und eine verfluchte Mordsalm. Auf dieser Tour starten wir bei den edlen Pferden des Oberlandes und wandern auf die Anhöhe der Glentleiten, wo wir in die Lebenswelten vergangenen bäuerlichen Lebens spielerisch eintauchen, am Ende eine Holzkugel rasant durch den Wald jagen und dabei Musik machen. Ach ja und einen weit entfernten Mord gilt es auch noch aufzuklären!

Tour: Tagesauflug oder wahlweise Museumsrundgang, kinderwagentauglich, aber immer mit einigen Höhenmeter verbunden

Route: Gut Schwaiganger – Freilichtmuseum Glentleiten

Länge / Dauer: Tagestour oder zumindest ein Halbtagesausflug in das weitläufige Freilichtmuseum (mindestens 4 Stunden einrechnen)

Anfahrt / Parken: Parkplatz/Bushaltestelle Schwaiganger erreichbar von der Autobahn München Garmisch über die Ausfahrt Kochel/Murnau, beide Orte sind an den ÖPNV via Bus angebunden.

Start- / Zielpunkt: Staatsgut Schwaiganger, Schwaiganger 1, 82441 Ohlstadt oder wahlweise Freilichtmuseum Glentleiten des Bezirks Oberbayern, An der Glentleiten 4, 82439 Großweil

Gestüt Schwaiganger: Heimat der edlen Rösser

Boah, wie öde: ein Bauernhofmuseum voller alter Häuser und das noch oben am Berg, auf den man rauf muss. Weit gefehlt! Das Freilichtmuseum Glentleiten ist ganz weit vorne bei moderner Museumspädagogik und erlaubt einen Rallyerätselspaß durch die Jahrhunderte, der echt Laune macht. Versprochen, denn wir haben es probiert!

Startpunkt ist aber das historische Gut Schwaiganger mit über 200 Pferden vom Streuboden bis zum Stalldach. Das Gehöft (Schwaige) auf der Wiese (Anger) kann urkundlich bis 955 zurückverfolgt werden und präsentiert stolz seine über 1000-jährige Geschichte von Pferdezucht und Ausbildung. Seit guten 100 Jahren kümmert sich der Staat Bayern hier auf 850 Hektar um Koppeln, Reiter und die Vierbeiner. Die Haflinger, Warm- und Kaltblüter in ihren Boxen haben schöne Namen, heißen Sonja, Nussine, Simone und tatsächlich

Grundlage unserer Fotorallye: eine Übersicht über ein Ensemble der Vergangenheit

Museumssackerl mit Ausblick

auch Carmen. Einige sind schüchtern, andere recken sich neugierig den Besuchern entgegen, um ein paar Streicheleinheiten einzuheimsen.

Schwer fällt sicherlich der Abschied von den edlen Rössern in malerischer Landschaft, doch wir wollen ja noch zum Glentleiten-Museum und dahin geht es – via »Kreut-Alm« – auf Schusters Rappen etwa 45 Minuten lang, gute 3 Kilometer, den Berg hinauf. Dort angekommen erwartet uns das Geschichtsrätsel …

Eindecken können wir uns in der neu gestalteten Lobby mit Museumsshop und Schaubrauerei samt Aussichtsterrasse. Je nach Alter empfehlen sich verschiedene Rallyeausrüstungen. Für die kleineren Vor- und Grundschüler gibt es für 4,80 € das Museumssackerl. Wenn man da an früher denkt … Mit »Leon« und »Loisl« entdeckt man anhand von hübsch gestalteten Moderationskarten verschiedene Häuser und Ensembles auf dem Gelände. »Leon« führt uns als Junge unserer Zeit zusammen mit dem Bauernjungen »Loisl« in die Vergangenheit der Selbstversorger. Zudem finden sich im Sackerl

Glentleiten Nr. 61: Wohnhaus eines Vierseithofes aus Tyrlaching, Hausname »Michl«, erbaut 1566, Umbau 1783

Murmeln und Rätselkarten und Spannendes über einen nächtlichen Besuch beim Köhler. Etwas Größere können zum hausinternen Roman greifen: »Max« und »Emily« entdecken hier das Geheimnis der Türen in der Glentleiten und öffnen dank ihrer Schlaumeierei so manche Pforte in die Vergangenheit (12 € im Shop). Umsonst sind die Fotosafaris zum Mühlental und zur Almwiese. Hier wird das Auge geschult, wenn winzige Details an den Fassaden und aus den Gebäuden zu einem Lösungswort zusammengesetzt werden müssen. Mit einiger Anstrengung haben wir mit viel Spaß alle Rätsel gelöst, wobei meine Frau Marisa unbedingt gewinnen wollte. Probiert auch ihr es ruhig aus!

Jetzt sind wir wahrlich bereit für das Museumsgelände. Ob am Weiher und Bach vorbei zu den Mühlen und zum Sägewerk, wo man von der Wasserkraft bis zum schweren Schmiedehammer und Wetzsteinmacher einiges miterleben kann, oder über das Höfeensemble zum »Haus zum Entdecken«, wo selbst geschnüffelt, gefühlt und gehört werden kann; Möglichkeiten gibt es hier genug und tatsächlich stehen alle Türen offen zum Hineinspitzen in die Vergangenheit. Hier ist es ausdrücklich erlaubt, bei anderen Leuten in die Häuser zu schauen. Beschweren tut sich keiner, denn die Bewohner der Vergangenheit stören sich nicht, dass der heutige Besucher in ihre Aussteuerschränke, Truhen und niedrigen Zimmer guckt.

Vergleicht einmal euer Kinderzimmer mit der Kammer von 1734!

Schlafkammer samt Heiligenbildern

Dort schliefen vier Kinder mit dem Gesinde zusammen in einem engen Zimmer in Betten mit Strohmatratzenfüllung. Badezimmer sucht man noch 1900 vergeblich, dafür prangt der Herrgottswinkel gegenüber des Ofens in jeder Stube. Die Hausgärten blühen, die Balkone sind mit praktischen Pflanzen bestückt und das Ensemble ist dermaßen detailreich und historisch anspruchsvoll präsentiert, dass die moderne Gärtnerin in Arbeitskleidung und mit Elektromäher direkt stört, meint man doch tatsächlich, man wäre in einem Bauerndorf um 1800. Auch die Sommerfrische kann man genießen anhand eines Vorzeigehofs aus Rottach,

Renngaudi an der Waldkugelbahn

als die feinen Leut samt Personal beim Bauern einkehrten. Hat man Glück, wird gerade Brot im Holzofen gebacken, der Töpfer ist in seiner Werkstatt und im Salettl wird gekegelt.

Ein besonderes Highlight für die Jüngeren findet sich als Aktionselement zwischen Schmiede und Schweineweide. Dort wurde eine Waldkugelbahn installiert und für 50 Cent darf man seine Holzkugel auf die gefährliche Reise bergab schicken. 60 Meter lang über 10 Meter Höhenunterschied rattert sie über manches Hindernis, klimpert übers Glockenspiel und darf nie von ihrer wackligen Bahn abgelenkt werden. Ein Spaß für Jung und Alt.

Was fehlt noch? Ah ja, gibt es denn hier in einem Museum auch eine sagenhafte Geschichte oder ist hier alles nur nacherzählt? Keine Sorge, auf der Almwiese gelingt ein Kunststück, das nur ein Museum vollbringen kann. Indem eine Almhütte aus der Ramsau hier wieder aufgebaut wurde, ist auch ihre grausige Geschichte von der Mordau mitgewandert, der man vor Ort durch ein Audioerlebnis lauschen kann, während ein Milan seine gefährlichen Kreise über der tödlichen Alm zieht. Zu spannend? Dann besser gleich hier nachlesen:

Tatort der Vergangenheit: die Mordau

Die Mordau

Nicht Heldin, aber Hauptfigur dieser Legende, ist eine ansehnliche, doch unmoralische Ramsauer Sennerin aus dem Lattengebirge, die fatalerweise einem Hirten versprochen war, sich aber parallel mit einem schneidigen Jäger eingelassen hatte. Als sie ein Schäferstündchen mit dem Jäger auf der Alm plante, überraschte sie der Hirt ohne Ankündigung. Er wollte sie vor anrückenden Truppen des Bayernherzogs Friedrich warnen, der mit brandschatzenden Landsknechten die Ramsau überfiel. Zu ihr war er heraufgestiegen, um sie zu beschützen. Um ihren Ruf zu bewahren und den Hirten loszuwerden, schrieb sie seine Warnungen in den Wind. Sie schickte ihn auf den Hohen Göll, wo er ihr das schönste Edelweiß pflücken sollte, obwohl es todesgefährlich war, dort herumzusteigen. »Wenn du mich wirklich liebst, dann hast du die Schneid und steigst dort hinauf.« Dass er abstürzen und sterben könnte, war ihr sowohl bewusst wie auch ganz recht. Der Hirte fügte sich verliebt und ehrlich, er stieg dennoch mit mulmigem Gefühl zum Göll hinauf. Der Jäger besuchte derweil das liederliche Dirndl dreist, doch just zu dieser Zeit im Jahre 1382 stürmten tatsächlich wilde bayerische Landsknechte raubend und mordend das Ramsauer Land, erreichten die Hütte zwischen Reuteralpe und Watzmann. Sie töteten ohne viel Federlesen Sennerin und Jäger auf der Alm, die sie danach niederbrannten. Und der verliebte Hirt? Keines der Edelweiß im Felshang war ihm gut genug für die geliebte Sennerin. Als er aber den Arm streckte nach einem perfekten Exemplar in silbrigem Glanz und makelloser Blütenform, da war es um ihn geschehen; abgestürzt ist er beim Edelweißpflücken am Göll, was die Tragödie komplett macht und dem Landstrich der Alm im Ramsauer Land ewig und in Erinnerung den Namen »Mordau« gab, wo noch heute um die wiedererrichtete Alm die Geister der Unerlösten im faden Mondlicht erscheinen.

(Nacherzählung von Andreas M. Bräu)

Und diese mörderische Alm steht da jetzt auf der schmucken Anhöhe überm Kochelsee – weit weg von der Ramsau –, und gibt noch immer Zeugnis ihrer grausigen Geschichte.

Jetzt heißt's durchschnaufen. Dafür gibt's im Kramerladen erst einmal Schmalz- und Obatzdabrote zur Stärkung, schließlich wollen noch Schweineweide, Bienenhaus, Tankstelle und Kapelle erwandert werden. Und ja, da gibt es ja noch diesen einmaligen Blick auf den Kochelsee (Haus 22 und 32). Einfach schee.

Schmankerl im Kramerladl

Sodala, haben »Leon« und »Loisl«, »Emily« und »Max« Wort gehalten? Alle Fotos auf der Safari erkannt? Die Kugel verloren oder ins Ziel gebracht? Wie war das nun, damals als Kind auf dem Bauernhof aufzuwachsen? Wildromantisch oder wesentlich härter als erwartet? Davon bekommt man in der Glentleiten einen guten Eindruck. Und jetzt mal ehrlich! War das etwa fad oder doch sehr spannend?

Andis Tipp

Einen gelungenen Abschluss bietet die Gastwirtschaft »Herzogin Anna« im Gut Schwaiganger, die von dem jungen und innovativ hippen Ehepaar Spiegelberger geleitet wird. Untergebracht im historischen Trakt von Tanzhaus und Hauptgebäude aus dem Jahr 1790 nebst Pferdebrunnen und Wandmalerei befand sich hier der namensgebende Witwensitz von Maria Anna Herzogin von Bayern. Heute residieren hier die Gastronomen Isabella und Flori. Neben food truck und Kulturveranstaltungen leiten sie diese Traditionswirtschaft samt lauschigem Biergarten mit Sinn für Küche (Flori) und freundlichem Service (Isa). Und einen Bonus für die Leser dieses Buches gibt es zudem: Wenn ihr die »Irrwichtel« im Restaurant hochhaltet, gibt es ein Eis für junge Leser gratis bei der Einkehr.

AUSFLUG 11

Von Schlehdorf mit Schatzjägern zum Heimgarten schlurfen

Einen Berg voll Gold und Geschichte wollen wir am Ufer des Kochelsees erklimmen. Dabei begegnen wir modernen Schatzjägern und spüren teils längst vergessenen Geheimnissen nach. Denn von Schlehdorf aus führt in Richtung Kochel und Heimgarten die Spur des Goldes hinauf und entlang des Ufers, bis wir zumindest an Erfahrung reicher werden.

Tour: Mittlere bis lange Ausdauer erfordernde Bergtouren

Route: Diverse Tourenmöglichkeiten und Spaziergänge im oder unterhalb des Heimgarten-/Herzogstandmassivs

Dauer: 2 bis maximal 6 Stunden

Anfahrt: Schlehdorf ist von der Autobahn Garmisch-München aus und per Bus erreichbar. Zum Herzogstand führt die gleichnamige Bahn ab Kochel (Am Tanneneck 6, 82432 Kochel am See)

Startpunkt: Am besten »Klosterbräu«, Seestraße 2, 82444 Schlehdorf. Der klassische Weg Richtung Heimgarten beginnt in Ohlstadt.

Wenn es wahr ist, dass jeder Mensch in seinem Leben eine bestimmte Aufgabe verfolgt, dann ist die Jagd nach Geheimnissen und das Suchen von Schätzen die Aufgabe von Manuel Brückl aus Großweil. So sagt er es selbst und nennt sich auch Geheimnisjäger mit dem Brotberuf Filmemacher. Er ist Kameramann, Erzähler und ein lieber Freund von Andi. Ein Geheimnis hat es ihm besonders angetan und ein Ort fesselt ihn schon seit langer Zeit für seine Suche. Auf eine Geheimnisjagd begleiten wir den Schatzjäger auf dieser ganz besonderen Wanderung, die von vielen besucht, aber von wenigen so gut gekannt und verstanden wird wie von Manuel.

Die Schatzsuche beginnt in Schlehdorf und führt bis in Richtung Herzogstand und Heimgarten, durch drei Jahrtausende Goldjagd und Schatzgier. Neben Geheimnisjäger Manuel nehmen wir reiche Ritter, suchende Sennerinnen, arme Glücksjäger, goldgeile Klostergeistliche, sinistere Naziverbrecher und moderne Schatzsucher mit. Das langt gleich für ein ganzes Bündel an Tourenmöglichkeiten vom sanften Seespaziergang bis zur Gipfelbesteigung. Doch dazu erst einmal einen Überblick über einen …

Ausgangspunkt mit Klosterprunk

... Berg voll Gold

Quellen belegen, dass im Jahr 955 nach Christus der durch sein Goldbergwerk am Heimgarten sagenhaft reiche Ritter von Weichs bei der Kaseralm einen Goldschatz versteckt, aber nie mehr abgeholt haben soll. Um ihn vor den ungarischen Hunnen zu schützen, transportierte er ihn zu diesem Zweck mit 30 Maultieren in den Stollen. Leider fiel er selbst den Hunnen zum Opfer und der Schatz blieb deshalb verschollen. Seither suchen Einheimische und ganze Expeditionen in Stollen, Felsspalten, ausgetrockneten Flussläufen und Wäldern danach, ebenso wie in historisch belegten mittelalterlichen Silberminen. Von Gold aber kann im Bergmassiv keine Rede sein – allein Schwefelkies findet man dort oben, im Volksmund auch Katzen- oder Narrengold genannt.

Eine Sennerin soll im 18. Jahrhundert Münzen aus dem Bachbett der Haselrieslaine gezogen und als brave Christin nach Schlehdorf ins Kloster getragen haben. Seit 1728 verwendete der verarmte Steinmetz Joseph Hägle seine ganze Lebenszeit auf die Suche nach dem Gold im Heimgarten, verkehrte mit Sehern und zwielichtigen Gestalten, konnte aber den Schatz nie heben. Lediglich Narrengold sprengte er am Rande der Verzweiflung aus dem Berg, sein Lebensglück war dahin. Gleichzeitig schien das Kloster Schlehdorf auf einmal reich geworden. Eine goldene Monstranz prangte vom Hochaltar. Doch bei näherem Hinsehen ist dieses Prachtstück lediglich vergoldet.

Doch damit nicht genug: Selbst die Nationalsozialisten sollen den Heimgarten als Depot in den letzten Kriegstagen genutzt haben. Gemälde, Teppiche, Kisten voller Reichtümer, Schmuck und Juwelen und Goldbarren wurden unter chaotischen Umständen dort versteckt, vergessen und ebenfalls nie mehr aufgefunden – suchten und suchen auch Trupps aus der ganzen Bundesrepublik und Schatzsucher wie Brückl bis heute danach. Gefunden hat auch er das Gold nie, doch er darf weitersuchen, was einen Jäger und Seher doch immer zum weiteren Graben und Forschen antreibt. Zudem hat er Filme, Theaterstücke und Erfahrungen gesammelt, die vielleicht für einen Geheimnisjäger sogar wertvoller sind als das schnöde Gold im Berg.

(Zusammenstellung Andreas M. Bräu, frei nach Manuel Brückl und Willibald Schmidt)

Auch drinnen findet sich vergoldeter Reichtum

Oha. Eine ganze Menge Gold und Geheimnisse anscheinend für einen Berg. Da gibt es viel zu suchen und zu entdecken. Wir starten erst einmal im Klosterort Schlehdorf am Kochelseeufer und können den aktuellen, dritten Klosterbau vor oder nach unserer Tour besichtigen, um nachzusehen, ob die dortigen Klosterbrüder wirklich durch Goldfund oder das Geschick der Wirtschafter einen so reichhaltigen Kirchenbau ermöglicht haben. Belegt ist eine Klostersiedlung hier bereits seit 763. Damals stand das Kloster am Ufer, 1718 zog es auf den Kirchbichl mit den bekannten beiden Hauben der Türme und der zurückhaltenden Fassade. Die Bauzeit verzögerte sich übrigens aufgrund von Geldmangel, was gegen einen Goldschatzfund spricht![27]

---

27 Heute hat dort die Erzbischöfliche Realschule St. Immaculata für Jungen und Mädchen ihren Sitz und wisst ihr, wie die Mittagsbetreuung für kleine Kinder im Ort heißt? Kinderhaus »Schatzkiste«! Ungelogen.

Kochelsee vom Herzogstand aus

Einen vierten Klosterbau wird es keinen mehr geben, auch wenn die Kirche Sankt Tertulin 2021 fesch und frisch renoviert wurde. Die Nonnen der Missionsdominikanerinnen aber zogen 2018 in ein kleineres Gebäude im Ort und im Gästehaus des ehemaligen Klosters kann man heute wohnen.

Nun stellt sich die Frage, wie hoch man hinauf will. Auf 609 Metern stehen wir bereits. Ab Kloster noch etwas mehr. Soll es bis zum Heimgarten über den Oberkaserfleck mit seinen 1790 Metern Höhenlage (ausgeschildert ab Schlehdorf mit mindestens 3,5 Stunden Gehzeit), zum Herzogstand via Pionierweg (ebenso lang) mit noch 1731 Metern Höhe oder lediglich zur Kaseralm (kürzer, aber ohne Bewirtung) gehen? Alles kann, nichts muss. Wie bei einer Schatzsuche eben. Obacht allerdings beim Herzogstand, denn schon 1965 schrieb Bergfex und Wanderführerautor Walter Pause: »Er galt zu allen Zeiten als der Münchner Hausberg Nr. 1 – die große Mehrzahl aller Münchner Kindl wurden an diesem schrofigen Vorberg zwischen Walchen- und Kochelsee zu Bergfreunden getauft. Leider ist dieser liebe alte Haus- und Familienberg nicht mehr das, was er war. […] [E]s sind die gliederfaulen Benützer dieser alpinen Baggeranlage, es

Goldige Aussichten am Kochelsee

sind Menschen, die nicht Krankheit und Alter hindert, Fuß vor Fuß zu setzen und sich klassischen Bergsitten zu unterwerfen … nein, im Hochsommer ist es nicht mehr schön dort oben.«[28]

Widerspruch! Freilich ist da oben was los, aber den Bergsitten unterwarfen sich bereits die Goldvergräber im Mittelalter, die Schatzsucher in der frühen Neuzeit und heute freilich viele begeisterte Wanderer. Man muss ja nicht mit der Bahn hinauffahren und dort nur ein paar Alibifüße voran setzen.

Zudem genügen von Schlehdorf aus auch Abstecher oder Teilstücke zum Jochberg oder Bromberg, zu den Gipfeln von Hohentanne oder Stein. Kürzer noch sind Radl- oder Wandertouren zum

---

28 Walter Pause: Münchner Hausberge. Die klassischen Ziele, München 1965, S. 17

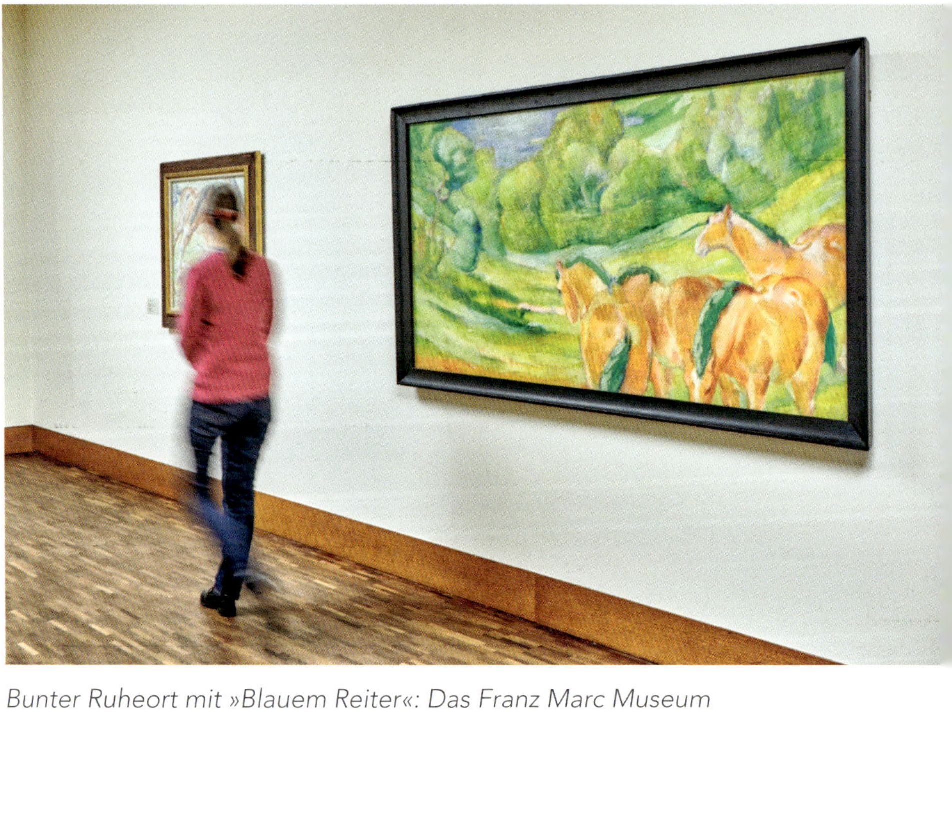

Bunter Ruheort mit »Blauem Reiter«: Das Franz Marc Museum

Karpfsee, nach Großweil oder zur »Kreut-Alm« am Freilichtmuseum Glentleiten (siehe Tour 10). Die Übersichtskarten im Ort bieten Orientierung. Und auch im Tal, am Fuß des Massivs des gern im Nebel gelegenen Berges (der tut auch alles, um seine Geheimnisse zu bewahren), lässt es sich charmant wandern: über den Felsenweg am Kochelsee entlang nach Kochel oder diesen gleich in guten 4 Stunden umrunden. Für die Fußfauleren fährt außerdem der Dampfer.

Drüben in Kochel wartet das Franz Marc Museum mit einer wunderbar gelegenen Ausstellungsfläche für die Werke seines Namensgebers (dem berühmten Tiere-in-Gemälden-Verstecker) und die des »Blauen Reiter«. Bei schlechtem Wetter pilgern viele in die Kristall Therme am Kochelsee samt Herzogstandsauna und See-Erfrischung. Es liegt also bei euch, ob ihr den Schatz am See oder auf der Höhe, an Bord eines Schiffes, auf dem Spazierweg oder dem Kletterweg suchen wollt. Möglichkeiten gibt es zur Genüge.

Am Ende dieser Touren haben wir wohl trotzdem keinen Schatz gefunden und reihen uns damit in die lange Liste der Geheimnissucher aus Vergangenheit und Gegenwart ein. Doch wir haben miterleben können, wie sich Sagengeschichte über Jahrtausende bis in unsere Tage fortschreibt, wie Ritter und Krieger Schätze versteckten und einfache Menschen sie zu heben versuchten. Am Ende ist vielleicht das Suchen das wahre Finden. Das weiß sicher auch Geheimnisjäger Manuel.

Andis Tipp

Nach der Wanderung gibt es in Kochel bei »La Pineta« eine tolle und nicht zu teure Pizza, die man mitnehmen und am besten auf den Bankerln hinter dem Parkplatz zum Franz Marc Museum mit gigantischer Berg- und Seesicht futtern kann. Ein echter Schatz.

AUSFLUG 12

Auf dem Felsenweg den mittelalterlichen Mönchen hinterher

Kurze, abwechslungsreiche Runde: rechts die teils überhängende Felswand, links der türkisfarbene Kochelsee. Ein Traum wie am Gardasee-Ostufer. Kinderleicht bringt uns die Passagierfähre zurück zum Ausgangspunkt. Es ist aber selbstverständlich nicht verboten, einfach weiterzugehen und den Kochelsee komplett zu umrunden. Ganz ehrgeizige Wanderwichtel steigen sogar zum seinerseits sagenhaften Walchensee auf …

Tour: Rundweg, nicht kinderwagentauglich (der Felsenweg trägt seinen Namen nicht umsonst), Bademöglichkeit

Route: Schlehdorf – Ortsteil Raut – Felsenweg – Schiffsanlegestelle Altjoch – Schlehdorf

Länge: 4 Kilometer, 40 Höhenmeter

Anfahrt / Parken: Von der A95 geht es zacki-zacki nach Schlehdorf. Mit den »Öffentlichen« machen wir die Tour einfach andersherum und starten in Kochel: Dorthin ist die Bahn/Busverbindung von München aus exzellent.

Start-/Zielpunkt: Parkplatz hinter dem Gasthaus »Klosterbräu«, Seestraße 2, 82444 Schlehdorf

Im Dialekt der umliegenden Gemeinden wird der Ortsname Schlehdorf aus Bequemlichkeitsgründen zu so etwas wie »Schlarf« zusammengezogen. Im allerletzten Moment nahm Lena dann aber doch Abstand vom ursprünglichen Arbeitstitel dieser Tour: »Schlurfen durch Schlarf« klingt nun mal wirklich nicht besonders attraktiv.[29] Zumal Schlehdorf, das einstige »Villa Slehdorf«, zu Recht stolz auf seine wechselvolle Geschichte sein kann. Wie der Vogel Phönix aus der Asche erwachte es immer wieder zu neuem Leben und das laut Gründungsurkunde schon seit 763.

Wer von der Dorfhauptschlagader, der Kocheler Straße, in die Seestraße abbiegt und am schick neu renovierten Gasthof »Klosterbräu« vorbeikommt, bemerkt sofort die eigenartig gleichförmige Anordnung der folgenden Bauernhäuser. Das hat seinen Grund im Großbrand von 1846, der das Dorf fast völlig ausradierte. In Folge kam aus München der Befehl, dass man Schlehdorf doch bitte etwas strukturierter neu aufbauen solle, komplett mit vorgegebenen Bauplänen vom Reißbrett. Es war allerdings nicht die Sternstunde der Architektur. Straßenführung, Häusergrundrisse, Gärtengrößen, sogar die Lage der Kanäle, Ställe und Scheunen: Alles musste ganz exakt rechtwinklig sein. Der Ortskern von Schlehdorf ist also eine knapp 180 Jahre alte Modellsiedlung. Zum Glück fügten die Bewohner den anfangs sicher ster-

[29] Überhaupt scheint es so eine Sache zu sein mit den Ortsbezeichnungen in der Gegend. Während mitten in Schlehdorf das »Gästehaus Killer« steht, freut sich auf der anderen Seite des Blombergs die Pension »Nirwana« auf Gäste. Keine 23 Kilometer vom Killer ins Nirwana – wenn's nur immer so flott ginge. Übrigens genießen beide Beherbergungsbetriebe ganz ausgezeichnete Bewertungen seitens der Kundschaft.

Auf dem Felsenweg
flott unterwegs

benslangweiligen Gebäuden später auf eigene Faust noch Balkone, Erker, Verzierungen hinzu.

Kurz hinter dem wohl ältesten Neubaugebiet der Region kommt schon der Holzlagerplatz Rauter Straße (hier gibt es auch einen schwer zu findenden, aber absolut traumhaften öffentlichen Badestrand – einfach zwischen den Holzstapeln Richtung Seeufer durchschlagen!). Wir überqueren gleich danach die Kohllaine und kommen entlang des Ortsteils Raut an der Abzweigung zur Goaß'n Alm (siehe Lenas Tipp), einer Fischzucht und sogar einem stattlichen Schlösschen vorbei. Links zwischen den Bäumen lockt schon das Ufer, doch wir warten noch ab: Bald fängt der Felsenweg an (siehe S. 137) und da ist der Ausblick doch tatsächlich NOCH spektakulärer. Mindestens genauso schön wie im italienischen

Erst Blumenpracht, dann Felsenspaß am Kochelsee

Torbole oder Sirmione plätschert es türkisgrün an die Felswand, womöglich zieht sogar ein bunter Stand-Up-Paddler vorbei. Vielleicht ist das Wasser unten nicht ganz so warm wie der Gardasee, dafür ist es aber auch nicht ganz so steil! Trotzdem: An einigen Stellen lassen sich kleinere Kinder sicher noch gerne an die Hand nehmen. Nach etwa der Hälfte des Felsenwegs kommen wir zu einem besonders spitzfindigen Steinzacken, auf dem wir spektakuläre Selfies schießen können.

Passt mal auf, wohin der Gekreuzigte guckt! Okay, er hat die Augen geschlossen. Aber wenn er sie aufmachen würde, könnte er am gegenüberliegenden Seeufer die Türme des Schlehdorfer Klosters sehen. Dazu gibt es eine Geschichte, die mit dem unweit gelegenen Dörfchen Klais (und unserer Tour Nummer 4) zusammenhängt …

Wie die frierenden Mönche nach Schlehdorf kamen

Eigentlich hatte alles so gut angefangen in Klais: Die einheimische Adelsfamilie der Huosi wollte durch ein neues Kloster den südlichsten Zipfel ihres Einflussgebietes stärken und bot die Grundstücke an der wichtigen Handelsstraße den Benediktinermönchen an. Joseph von Verona, der erst dritte Bischof der ebenfalls noch jungen Diözese Freising, nahm das Angebot nur zu gerne an. Zum Abt wurde der aufstrebende, überaus gebildete Justiziar Arbeo bestimmt, gerade 40 Jahre alt geworden. Mit nagelneuen Klöstern und ihrer Verwaltung kannte er sich aus: Erst ein Jahr zuvor, 792, hatte er selbst das Kloster Schäftlarn gegründet. Prima Voraussetzungen also! Allerdings war dieser Abt Arbeo im Südtiroler Meran geboren und aufgewachsen. Dort, wo die Weintrauben wuchern. Er war ein anderes Klima gewohnt. Mit dem klammen Klais wurde er von Anfang an nicht warm, zumal er es ja nicht persönlich gegründet hatte. Es schien eine unangenehme Aufgabe für ihn zu sein. Ein Job, den man eben auf der Karriereleiter abhaken musste. Als nach nur einem Jahr Bischof Joseph starb, kehrte Arbeo Klais umgehend (und sicher sehr erleichtert) den Rücken und übernahm dessen Posten in Freising. Dort konnte sich der intellektuelle Arbeo mit der Gründung der Dombibliothek und der Niederschrift der »Vita Corbiniani« (der Biografie des Heiligen Korbinian) so richtig verwirklichen: Heute gilt Arbeo als der erste deutschsprachige Schriftsteller überhaupt. In »Castra Clausum« allerdings war die Luft derweil endgültig raus. Mit Arbeo hatte auch der Rest von mönchischer Motivation Klais verlassen, noch bevor das Klosterleben sich überhaupt richtig eingespielt hatte. Arbeo war dennoch für seine Mönche da, als es hart auf hart kam. Nach dem großen, urkundlich belegten Klaiser Klosterbrand war er es, der seinen Nachfolger Atto zur Neugründung in Schlehdorf anregte. »Am Kochelsee ist es hübsch und sonnig. Kommt, Jungs, zieht doch dorthin um ...«

(Quelle: Erzbistum München-Freising)

Abt Arbeos Vorschlag musste damals einen wahren Bau-Boom ausgelöst haben, der allerdings nicht lange anhielt. Abgesehen von den Benediktinern zog es nur wenige Menschen in die schöne, aber sumpfige und abgelegene Region. Spätestens mit dem Einfall der Awaren, die im Jahr 907 das Kloster niederbrannten, verfiel Schlehdorf in einen 1000-jährigen Dornröschenschlaf. Der zweite Klosterbau, am südlichen Ortsrand gelegen, stand immerhin bis

Turbinenhalle im Erlebniskraftwerk Walchensee

1784 – bis es abbrannte. Scheinbar ohne Fremdbeteiligung. Die armen Mönche!

In der Neuzeit allerdings entdecken immer mehr Menschen die Schönheit des »Ortes, wo die Schlehen wachsen«: Allein zwischen 1988 und 2018 wuchs die Einwohnerzahl um mehr als ein Drittel.

Nach dem Felsenweg sind es nur noch ein paar 100 Meter am Seeufer entlang bis zur Schiffsanlegestelle Altjoch. Wir können entspannt mit dem Motorboot nach Schlehdorf zum Parkplatz zurückschippern oder die Gelegenheit nutzen und erst das Erlebniskraftwerk Walchensee besichtigen. Auch das benachbarte Kochel, Heimatdorf des legendären Bauernkrieganführers Schmied von Kochel, lohnt einen eigenen Besuch. Seien es das Franz Marc Museum (Kombitickets für Schiff und Museum erhältlich) oder einfach nur die Lainbach-Wasserfälle (circa 30 Minuten Fußweg ab Seeufer).

Extra-Tour

Rauf zum Walchensee! Und zwar im Osten, wo man bei ganz viel Enthusiasmus gleich noch den Jochberg (1565 Meter) besteigen kann. Dort ist die Aussicht mindestens genauso herrlich wie vom leider meist brechend vollen Herzogstand im Westen. Ohne Jochberg sind »nur« gut 200 Höhenmeter bis nach Urfeld zu überwinden. Unterwegs kommt man auch noch an den äußerst fotogenen Lainbach-Wasserfällen (links) vorbei, in deren Naturpool ganz Unverfrorene sogar baden können.

Lenas Tipp

Wenn ich an einer so wunderschönen Wasserfläche wie dem Kochelsee unterwegs bin, bekomme ich immer tierisch Hunger auf Fisch. Ihr esst auch gern regional? Holt euch doch ein geräuchertes Forellenfilet! Die gibt es im Dorfladen Schlehdorf. Der ist ganz allgemein sehr empfehlenswert. Nicht nur (aber auch!) weil meine Schwester Anna[30] dort manchmal die Schilder gestaltet. Wer haarige Tiere bevorzugt: In der Goaß'n Alm[31] kann man prima glückliche Ziegen besuchen. Im Hofladen des Schlehdorfer Klosterguts (Kirchstraße 15) erhält man neben Bioprodukten aus Eigenanbau auch Blühpatenschaften für Bienenwiesen – 1 Euro pro Quadratmeter Insektenglück sind eine tolle Erinnerung.

SCHLEHDORFER
Goaß'n Alm
MILCH & KÄSE

30 Anna hat auch klasse Handlettering-Kurse für die ganze Familie im Angebot: www.klecksundgloria.de

31 Der Familienbetrieb findet sich am westlichen Ortsrand, Schleißheimer Straße 32a. Es gibt auch einen kleinen, feinen Hofladen mit (laktosefreien!) Milch- und Fleischprodukten von der Ziege. Öffnungszeiten: Mittwoch bis Samstag von 9 bis 12 Uhr sowie Mittwoch bis Freitag von 13 bis 16.30 Uhr.

AUSFLUG 13

Wo der Jäger von Fall durch die Gegend geistert

Eine kleine, sogar laufradtaugliche Schnupperrunde zwischen zwei riesigen Brücken, auf den Spuren von Schriftstellern, Slacklinern und – selbstverständlich – Steinmanndln.

Tour: Rundweg, einfach, kinderwagentauglich, Bademöglichkeit

Route: Lenggries/Sylvensteinbrücke Fall – Dorf Fall – Sylvensteinspeicher – Eingangskatarakt – zurück (Bonus: Roßkopf) – Lenggries/Sylvensteinbrücke Fall

Dauer: 3 Kilometer, 1 Stunde Gehzeit (gemütlich)

Anfahrt: Keine Zugverbindung! Bundesstraße aus Richtung München bis Ortsausgang Fall (von Süden her Mautstraße), roter *RVO*-Bergbus ab München über Bad Tölz und Lenggries

Start-/ Zielpunkt: Wanderparkplatz Dürrachstraße (neben Feuerwehr), 83661 Lenggries, Ortsteil Fall

An Ausflüglern hat es der Sylvensteinbrücke noch nie gemangelt. In den Corona-Sommern 2020 und 2021 wurde sie aber zum absoluten Internet-Star: Abenteuerlustige Menschen schnallten ihr eine Holzplattform um, von der sie sich in Turmspringer-Manier 17 Meter in die Tiefe stürzten. Im September 2021 spazierte der Miesbacher Weltrekordler Lukas Irmler parallel zur Brücke auf einer 650 Meter langen Slackline über den See. Videodrohnen dokumentierten die majestätischen Manöver rund um das Betonmonument. Spektakuläre Bilder, die wir uns lieber auf einem Bildschirm angucken. Wir parken etwas ab vom Schuss im Dorf Fall. Der Ortsname ist für immer mit Ludwig Ganghofer und seinem einprägsamen Romantitel »Der Jäger von Fall« verknüpft – obwohl sich Ganghofer als Kind nur kurz in Fall aufhielt. Viel mehr Zeit in Fall verbrachte seine ebenso produktive, aber viel weniger bekanntere Schriftstellerkollegin

Die Sylvensteinbrücke (offiziell Faller-Klamm-Brücke) im Herbst

Infotafel zu Frieda Runge

Der Gully des Grauens

Frieda Runge, an die gleich neben dem Wanderparkplatz eine Infotafel erinnert.[32]

Auf der anderen Straßenseite, rechts neben dem Feuerwehrhaus, geht's auch schon los ins Vergnügen. Dies ist eine Privatstraße der Anlieger und nur mit Genehmigung befahrbar (auch bei geöffneter Schranke finden immer wieder Kontrollen durch Ranger statt). Darüber freuen wir uns! Denn das bedeutet, dass hier nur wenig Verkehr herrscht und ruhig auch mal in Ruhe das Laufrad ausgepackt werden kann. Wir kurven ganz gemütlich 1 guten Kilometer durch den dichten Nadelwald, vorbei an einer Funkstation, einem Holzlagerplatz und einer wirklich schönen Wiese. Keine 200 Meter weiter stehen wir auch schon mitten auf der Brücke: Entdeckt ihr

---

32 In unserer Tour 9 gibt es mehr über Frieda zu erfahren.

Blick vom Ausgangskatarakt in die Dürrach, die neben Isar und Walchen den Sylvensteinsee speist.

den Gully in der Mitte? Auf den ersten Blick ist er ganz unscheinbar, aber wenn man mal durchguckt – Huiii! Unter dem Eisenrost geht es 100 Meter in die Tiefe. Das verlockt zum Durchspucken! Wir müssen nur aufpassen, dass keine größeren Gegenstände (Portemonnaie, Smartphone, Autoschlüssel …) hindurchrutschen. Das wäre dann der fatale Fall eines Falls in Fall.

Zeit für ein bisschen Bildung, zurück zu Ludwig Ganghofers berühmtem Roman »Der Jäger von Fall«. Worum geht es da eigentlich?

Der Jäger von Fall

Eigentlich hat der Jäger von Fall gar keinen Grund zum Herumgeistern. Für den ist die berühmte gleichnamige Geschichte nämlich gut ausgegangen. Okay, es war ziemlich knapp: Der brave Jäger Friedl wird angeschossen, im Dorf gemobbt und ausgelacht, durch einen Steinschlag schwer am Fuß verletzt und schafft es dennoch, das zweijährige Kind seiner Freundin unversehrt ins Tal zu tragen (obwohl er gar nicht der Vater ist, sondern der fiese Verursacher des Steinschlags. Das muss man sich mal vorstellen: Da lässt der echte Papa eine Steinlawine auf den Mann runtergehen, der sein eigenes Kind auf dem Arm hat!). Völlig verdientermaßen verliebt sich die geplagte Sennerin Modei, die Mutter des Kindes, dann doch noch in den Friedl und sie heiraten und leben glücklich und zufrieden. Tierlieb ist der Friedl auch noch: Als er erlebt, wie ein Kollege seinen Hund misshandelt, kauft er diesen dem Tierquäler einfach ab und päppelt ihn wieder auf. Ein echter Held! Und gar nicht mal sooo ausgedacht: denn Ludwig Ganghofer orientierte sich an einem historischen Vorbild.[33] Sein Roman um den braven Friedl – übrigens Ganghofers Erstlingswerk – wurde 1883 veröffentlicht, sofort ein Hit und später mehrere Male verfilmt.

---

[33] Dessen Geschichte findet sich mit vielen anderen Anekdoten im Buch »Gschichten vom Wildern« – nicht ganz zufällig handelt es sich bei dem Autor und Heimatforscher Josef Bader um Lena Haveks Papa. 😉

Das heutige Dorf Fall, auch wenn es architektonisch einigermaßen gelungen ist, hat mit den damaligen Geschehnissen allerdings noch weniger zu tun als Jäger Friedl mit der Realität. Nach dem Walchensee-Kraftwerk (das ja eigentlich dazugehört) gilt der Sylvensteinspeicher als eine der bedeutendsten Ingenieursleistungen des Freistaats. Eine der größten ist er mit seinen knapp 4 Quadratkilometern Wasseroberfläche allemal. Der Sylvensteinsee sollte zwei Fliegen mit einer Klappe schlagen. Erstens vor Hochwasser schützen und zweitens die Wassermenge der Isar ausgleichen. Nein, das ist nicht das Gleiche: Denn durch den Bau des Walchensee- und auch des Achenseekraftwerkes wurden der Isar in der ersten Hälfte des 20. Jahrhunderts so viel zuführende Flüsse entzogen, dass sie in weiten Teilen ganz trockenfiel und die Stadt Bad Tölz unter Wassermangel litt. Im Sommer hatte die Isar also zu wenig Wasser und zur Schneeschmelze im Frühjahr zu viel. Ob ein zusätzlicher Stausee die Probleme wirklich beheben könne, wurde damals heiß diskutiert. Doch die Geschichte gab den Ingenieuren recht. Der Wasserpegel der Isar kann seither einigermaßen konstant gehalten werden. Und vor allem bei den großen Hochwassern von 1999 und 2005 half der Sylvensteinspeicher, Schlimmeres zu vermeiden.

Warum hat der Begriff »Jäger von Fall« aber heute noch so einen merkwürdigen, irgendwie wehmütigen Beiklang? Nun, weil es das alte Dorf Fall nicht mehr gibt. Angeblich, so eine moderne Sage aus unserer Zeit, hört man aber dennoch in stürmischen Mondnächten Glockenklang vom Wasser her …

Die Plumpsklos, der tapfere Herr Todeschini und die Unterwasser-Glocken

Für den Bau des Sylvensteinspeichers wurde das Dorf Fall Mitte der 1950er-Jahre abgerissen, die gut 100 Bewohner mussten zwangsweise in das 70 Meter weiter oberhalb neu gebaute »Ersatz-Fall« umziehen. Das fanden die allermeisten ganz in Ordnung: Bis auf Schule, Gasthof, die Ämter und natürlich die Kapelle waren die Behausungen nämlich noch aus Holz gebaut und eher ärmlich. Man versprach den Fallern schicke Steinhäuser mit modernem Komfort wie zum Beispiel Keller und fließend Wasser (die meisten alten Bauernhäuser hatten noch ein Plumpsklo auf dem Hof). Nur ein einziger, bereits pensionierter Waldarbeiter, der Herr Todeschini, bockte. Da die neu gebauten Dienstwohnungen für die noch aktiven Forstbeamten reserviert waren, hätte er nämlich übergangsweise in eine Sammelunterkunft gemusst. Und das wollte der alte Herr nicht. Selbst als zur bereits begonnenen Flutung des Sees im April 1957 noch ein Starkregen hinzukam und das Wasser schon im Hausflur stand, verbarrikadierte sich der tapfere Todeschini im Obergeschoss. Polizisten mussten ihn schließlich hinaustragen und er starb wenige Jahre später verbittert in Neu-Fall. Heute liegen nur noch die Grundmauern des Originaldorfes auf dem Seegrund.[34] Der Kirchturm von Fall steht entgegen anders lautender Gerüchte nicht mehr. Schon bevor die Staumauer geschlossen wurde und das Wasser zu steigen begann, wurde er zusammen mit den anderen Gebäuden abgerissen.

34 Als 2015 wegen einer notwendigen Sanierungsmaßnahme am Grundablass-Stollen das Wasser aus dem Sylvensteinspeicher abgelassen wurde, konnten die Besucher zum ersten Mal seit fast 70 Jahren wieder trockenen Fußes durch das alte Fall spazieren: Allerdings ragen dort tatsächlich nur noch ein paar Fundamente aus dem Schlick.

Lenas Tipp

Sowohl von der Privatstraße als auch gleich links vor der Kataraktbrücke gehen linkerhand immer wieder kleine Trampelpfade zum Seeufer ab. Das ist abenteuerlich, aber natürlich nicht so 100-prozentig ökologisch korrekt. Deshalb empfehlen wir die offiziellere Wegführung (für Fahrzeuge gesperrt) etwa 100 Meter westlich der Brücke, wo es auf breiter Forststraße hinunter zu den sogenannten Kiesbankschwällen geht. Unten angelangt lässt sich das Kataraktgebiet prima zu Fuß erkunden und Platz für ein Picknick am Ufer ist auch. Hier könnt ihr in aller Ruhe in euch und den See hineinhorchen. Klingt da nicht doch irgendwas Kirchenglockenähnliches vom Wasser her? Wenn das so sein sollte, dann vielleicht doch besser den Rückweg antreten – die versunkenen Glocken von Fall kündigen Unheil, in jedem Fall aber Unwetter an!

Extra-Tour

Für Kinderwägen und kurze Beinchen, ob mit Laufrad oder ohne, ist der Ausflug zur Brücke und zurück absolut ausreichend. Wer aber mag, geht noch über den ganzen Roßkopf herum und schließt so die Runde mit einer (moderaten) Bergtour auf angenehmen Waldwegen. Die Strecke endet dann ebenfalls wieder in Fall.

Blick von der Faller-Klamm-Brücke Richtung Nordwesten

AUSFLUG 14

Unterwegs mit Flößern und Zombies

Lenggries, die flächenmäßig größte Gemeinde Bayerns. Der Name bedeutet »langes Gries«, also kiesiges Flussbett. Hier lässt es sich wunderbar und relativ eben dahinspazieren, wenn nicht gerade ein Hochwasser droht. Hübsch, nicht? Doch Achtung: Weder das friedliche Wappen mit dem springenden Hirsch auf grünem Grund noch das idyllische Ortsbild selbst geben einen Hinweis auf die historischen Abgründe, die sich dahinter verbergen …

Tour: Rundweg, Schwierigkeitsgrad mittel, kinderwagentauglich, viele Spielplätze am Weg

Route: Lenggries Bahnhof – Isarbrücke – Isarauenweg – Schlegldorf – Arzbach Radlsteg – Obergries – Steinbach – Wiesenweg – Lenggries

Länge: 9 Kilometer, 40 Höhenmeter

Anfahrt / Parken: Perfekt per Bahn, am Bahnhof sind aber auch relativ viele Parkplätze vorhanden.

Start- / Zielpunkt: Bahnhof Lenggries

Wer sich die Gemeinde heutzutage anschaut, ahnt es nicht: Die Geschichte von Lenggries ist außergewöhnlich grausam und blutrünstig. Bereits die zweite schriftliche Erwähnung des Ortes im Jahr 1257 geschah im Rahmen eines Sklavenhandels – damals war ein gewisser Wernherus Cellerarius de Lenggriesen Zeuge, wie die Leibeigene Luitgard verschenkt wurde. Und sogar Zombies haben sich hier schon herumgetrieben … Aber beginnen wir von vorne. Stiefel geschnürt, Proviant eingepackt? Muss noch jemand aufs Klo? In Lenggries kein Problem, das Netz an öffentlichen Toiletten ist dicht. Das mit Abstand beeindruckendste Klohäuschen findet sich in der Bahnhofsstraße gleich hinter dem Gasthaus »Floßwirt«.

Nach unserem Besuch beim röhrenden Graffiti-Hirsch wenden wir uns aber zurück zur Münchner Straße und folgen ihr für 100 Me-

Lenggries von Süden her betrachtet

Graffiti at its best – da röhrt (und pinkelt) der Hirsch!

ter Richtung Norden, wo wir die Isar überqueren. Auf der Brücke schauen wir flussaufwärts: Nur ein paar Kurven weiter oben, wo der Jachen in die Isar mündet[35], haben sie einst abgelegt, die Flöße in Richtung Landeshauptstadt. Heute wird der Bereich vorwiegend zum Baden genutzt. Tatsächlich legen aber auch immer wieder mal noch (Party-)Flöße ab. Man kann sogar – natürlich unter fachkundiger Anleitung – selbst eines zusammenbauen und damit zurück nach München schippern. Vielleicht ja eine Idee für das nächste Familienfest oder Firmenevent an der frischen Luft? Werft doch mal ein Blatt oder Stöcklein hinein! Auch wenn gerade kein Hochwasser

---

[35] Der Bereich rund um die »Huizlsag« (Sägewerke beziehungsweise Schreinereien gibt es immer noch) heißt Leger, weil dort die Flösse »gelegt« wurden. Ein Einkehrtipp mitten im ehemaligen Zentrum des Geschehens wäre der urige, familiengeführte Gasthof »Landerermühle«, Leger 2.

ist und obwohl die Isar seit 1923 derart reguliert ist: Huiuii, das geht doch recht rasant dahin! Gut, dass der Heilige Johannes Nepomuk auf der anderen Brückenseite steht. Er gibt allem, was dort hinunterfließt, seinen Segen mit.

Der gebürtige Wegscheider Jakob Ostler, langjähriger Kirchenpfleger in Lenggries, erinnert sich in seinen 1969 erschienenen »Isarwinkler G'schichten« an seinen großen Auftritt als »Flößlergeselle«. Er war, geboren 1904, damals noch ein Grundschüler und hätte eigentlich den Auftrag gehabt, für seine Mama 1 Pfund Zucker zu kaufen. Doch über den aufregenden Geschehnissen am Wasser vergaß er völlig die Zeit. Und dann ließ er sich auch noch auf eine gefährliche Mutprobe ein … Vielleicht ist der Spielplatz gleich nach der Brücke der richtige Ort, um sich für die anstehende Wanderung aufzuwärmen und der Geschichte vom übermütigen kleinen Jakl zu lauschen?

Wandgemälde Flößer gegenüber dem Eiscafé »Cortina«

Die Gschicht vom Jakl aufm Floß

Dass d'Muadda dahoam ums ganze Haus umma suacht, wo der Bua ist, weil er beim Kramer ebbas holen soll, an dös hab i wirklich nimmer denkt. [...] I hab mi zerst heraußen beim Holzganter hingstellt, d'Händ in dö Hosensäck, weil's da hinghören, wenn man nix z'toan hat. Dass i dö Flößler net im Weg umgehn därf, dös hab i scho gwißt, sonst werdn's nämli grantig. Drum bin i scho auf d'Seiten ganga, bevor mi oaner auf d'Seiten gschafft hat. I hab so lang zuagschaut und g'wart't, bis mi oaner von dö Flößer angredt hat: »Wem ghörst denn du?« »An Grabnwölfl«, hab i gsagt. »So, an Grabnwölfl! Da siegst aa zuachi. Was werst denn du amal?« »Flößler«, hab i gsagt. Wenn mi a Maurer dös Gleiche gfragt hätt, waar i Maurer wordn. »So, so. A Flößler! Du muaßt aber schon noch wachsen, du kloaner Dreck.« Dös hat mir zwar a bissl gstunka, aber i hab mir nix anmerka lassen. »Und a Schneid braucht man aa! Hast oane?« »Waar net schiach!«, hab i gsagt und gleichzeitig meine Händ aus dö Hosensäck außazogen. »Traust dir mitz'fahrn?!« »Freilich! Wenn i därf!«, hab i gsagt und mit a paar Sprüng bin i auf'n Floß drinna gwesen und hab mir denkt: »Haut scho!« Es hat nimmer lang dauert, dann ist der Floß weggfahrn ...

(Jakob Ostler: Isarwinkler G'schichten, 1969)

Habt ihr bemerkt, dass Jakl *der* Floß sagt? Bayern haben nämlich sogar ihre eigenen Artikel! (Lena selbst beharrt beispielsweise auf *dem* Butter, was ihren Gatten von jenseits des Weißwurstäqua-

Typische Lüftlmalerei an einem alten Bauernhaus in Schlegldorf

tors zur Weißglut treibt. Dafür sagt der knallhart *das* Teller. Unentschieden.) Natürlich ist die Geschichte vom unverhofften Flößlergesellen Jakl bis auf eine Watschn von der besorgten Mama gut ausgegangen, seine »Kollegen« ließen ihn nach ein paar Kilometern wieder absteigen. Wir gehen jetzt immer am Uferweg entlang und gucken uns Jakls Reisestrecke genau an.

In Schlegldorf kommt schon das erste Highlight: Auf Höhe der »Isarburg« – sowohl der Name einer natürlichen Wasserschwelle aus Nagelfluh[36] als auch des darüber am Ufer stehenden Hauses – ist erst vor wenigen Jahren ein neuer Wasserfall entstanden! Ein kleines erdgeschichtliches Plätscherphänomen: Nicht nur die Isar, sondern auch ihr Ufer ist in ständiger Bewegung. Aber auch wir sind flott unterwegs und eine flache Isarkurve weiter schon in Arzbach[37], wo wir den wunderschönen Radlsteg zurück auf die Ostseite nehmen. Ungefähr auf dieser Höhe wurde damals auch der kleine Jakl wieder abgesetzt. Er musste die ganze Strecke zurücklaufen – genau wie wir jetzt. Nur haben wir weniger Zeitdruck. Und wir bekommen hinterher auch keine Watschn!

---

36 Nagelfluh, der »Beton der Natur«, besteht aus in Sand eingebackenen Kieseln und ist härter als das lose Flussgeröll, weshalb sich hier eine Barriere bildete. Aus Angst um ein Auseinanderbrechen der Isarburg wurde der Felsen vor ein paar Jahren saniert und dabei teilweise der Nagelfluh mit echtem Beton nachgeahmt.

37 Der Ortsname leitet sich von Erz ab, das bis ins 17. Jahrhundert an der Probstwand abgebaut wurde. Siehe auch die Arzfräulein von Tour 1! Vielleicht lohnt es sich, dem Lauf des Arzbachs ein wenig zu folgen und an einer geeigneten Stelle heimlich nach Gold zu schürfen …

Unser Rückweg führt uns hinter der Bahnstation Obergries ein kurzes Stück die Obergrieser Straße hinauf, bis wir nach rechts in den Griesweg abbiegen und immer geradeaus dem wunderschönen Pfad durch die Steinbachau folgen. Am Steinbach angekommen, gehen wir über die Brücke und nach links: nur noch 500 Meter zum überaus empfehlenswerten Bauernhofcafé »Hansbauer«! Der reizende kleine Weiler Steinbach (keine Gruselgeschichten bekannt) gehört schon zu Lenggries. Über den Wanderpfad durch die Felder, der gleich hinter dem Hofcafé beginnt, erreichen wir nach wenigen 100 Metern den Tratenbach und die nördlichen Ausläufer von Lenggries selbst. Die Route Jugendherbergsstraße – Am Ried – Leitenweg – Gartenweg – Bachmairgasse ist dabei eine gemütliche Alternative zur stark befahrenen Tölzer Straße.

Jetzt wenden wir uns zur barocken Kirche St. Jakob mit dem großen Friedhof und kommen damit endlich zu den Zombies. Ja tatsächlich: Zombies. Untote. Vor über 200 Jahren nämlich gab Lenggries die Kulisse für ein Aufeinandertreffen der besonderen Art ab: Habsburgerische Soldaten der österreich-ungarischen Kaiserin Maria Theresia gegen Leichen. Gewonnen haben – die Zombies, ganz klar. Zum Glück! Denn die Soldaten waren bereits dabei, das Dorf zu plündern und abzufackeln. Brandschatzen nannte man das damals. Und weil das Wort »Zombie« erst in den späten 1920er-Jahren durch einen Abenteuerroman von W. B. Seabrook Eingang in die Populärkultur fand, nannte man die unheimlichen Gestalten damals mangels Alternativen eben noch Gespenster.

St. Jakob

Das Gespensterheer von Lenggries

Was ich da erzählen will, das ist gewesen etliche fünfunddreißig Jahre nach der Sendlinger Schlacht, wie der Kurfürst Karl Albert mit der Kaiserin Maria Theresia von Österreich um die deutsche Krone gestritten hat. Und wie er sich in Frankfurt am Main die Krone hat aufsetzen lassen, da haben derweil in München und im Oberland die Rotmäntel, die Panduren[38] und Tolpatschen, die Bürger und Bauern geschunden und gebrandschatzt. Grad wie anno 1705 ist es gewesen und noch ärger. Die Tölzer haben sich ihren Markt um etliche hundert Gulden vom Anzünden losgekauft, aber das Rauben und Stehlen des fremdländischen Diebsgesindels nicht abwehren können. Auf der Straß im Dietherloch, wo's durch den Zeller Wald auf München zu geht, hat der Gering Hans vom Mühlberg die Bauern angeführt und sie haben den Räubersgesellen ihren Fang wieder abgejagt. Dabei hat der Bacher an der Straß dem Trenk[39] seinen Adjutanten, den Gundl, in der Kutschen erschossen. Ein paar Wochen danach ist der Trenk mit seinen Rotmänteln auf Gaißach-Rain geritten kommen und hat den Bacherbauern verlangt. Aber die Nachbarn haben sein Versteck droben am Rechelkopfgraben nicht aussagen wollen. Zehn Minuten hat der Trenk gewartet, dann ha-

---

[38] Panduren und Tolpatschen waren kroatisch- und ungarischstämmige Soldaten des Habsburgerreichs unter Kaiserin Maria Theresia und wegen ihrer roten Umhänge auch als »Rotjackerl« oder »Rotmäntel« bekannt. Unter ihrem Anführer Franz von der Trenck begingen sie besonders 1741 bis 1745 im Österreichischen Erbfolgekrieg viele Grausamkeiten gegen Zivilisten.

[39] Ein Schreibfehler. Eigentlich Franz Freiherr von der Trenck, 1. Januar 1711 bis 4. Oktober 1749.

ben sie das Brennen angefangen bei den Gergenhäusern. Pechkränze haben sie an die Lauben und Stadel gehängt und angezündet. Fünf Stunden hat das gedauert. Auf die Nacht sind sie beim Greilbauern gewesen, die Mordbrenner. Auf dem Grund vom Gergbauern ist eine neu aufgesetzte Holzsäulen mit einem geschnitzten Herrgott gestanden. Daran haben die Schandbuben auch ihre Pechkränze gehängt und Feuer angelegt. Das Kreuz samt dem Herrgott ist völlig verbrunnen, aber der schmerzhaften Muttergottes darunter und dem vielen Opferwachs hat durch ein Wunder das Feuer nichts anhaben können. Die Leute sind nachher zum abbrennten Kreuz gewallfahrtet und haben eine Kapelle darüber gebaut.

Der Trenk aber und seine Panduren sind durch das Brennen noch hitziger geworden und auf Lenggries geritten. Wie sie aber gegen den Friedhof gezogen sind, da ist ein noch größeres Wunder geschehen: Die Gräber haben sich auftan und zwischen den eisernen Grabkreuzen ist es lebendig worden. Ein eiskalter Wind ist um die Kirche gewesen. Die alten Lenggrieser sind aufgestanden, keiner hat einen Schnaufer getan. So sind sie auf die Rotmäntel zu, und immer mehr sind ihrer geworden. Da haben die Pandurengäul von selber kehrt gemacht und sind mit ihren Herrn davon über den Tratenbach. Und hat sie auch keiner halten wollen.

(Willibald Schmidt, 1936)

Bei der »Sendlinger Schlacht« aus der Sage handelt es sich um die Sendlinger Mordweihnacht vom 25. Dezember 1705, eines der größten Dramen der bayerischen Geschichte: Damals wollten aufständische Bauern die Stadt München erobern, um den Zwangsrekrutierungen und hohen Steuerforderungen der unbeliebten österreichischen Herrschaft ein Ende zu setzen. Doch weil der Widerstand aus der Stadt stärker war als gedacht und ihnen auch die Verbündeten nicht wie verabredet das Stadttor geöffnet hatten, mussten sie die Aussichtslosigkeit ihrer Lage erkennen. Man versprach ihnen freien Abzug, wenn sie sich ergeben würden. Also legten sie ihre Waffen nieder, waren wehrlos – und wurden trotzdem erbarmungslos niedergemetzelt. Sogar die wenigen, die sich auf den angrenzenden Sendlinger Friedhof und in die dortige alte Pfarrkirche retten konnten, hatten keine Chance. Die Gegner, ein würzburgisches Infanterieregiment der Reichsarmee und deren verbündete ungarische Husaren, kannten keine Gnade. Ausgerechnet am heiligen ersten Weihnachtstag mussten so gute 1100 Bauern aus dem Oberland[40] ihr Leben lassen, allein 158 aus Lenggries. Das wohlgemerkt bei einer damaligen Bevölkerung von insgesamt knapp 2000 Menschen! Viele von ihnen wurden damals auf dem Friedhof bestattet. Kein Wunder, dass sie beim Überfall des »Trenk« ihre Chance auf ein bisschen Rache gerne nutzten.

Wer sich heute an der Kirche und den heute nur umso zahlreicheren »eisernen Grabkreuzen« vorbei zum Friedhofshinterausgang am kleinen Brückerl über den Dorfbach traut (ja, das ist genau der Weg, auf dem die Angreifer damals geflüchtet sind!), wird aber mit einem wirklich duftig-lauschigen Blütenparadies belohnt, dem »Kräuterpfad am Dorfbach«. Unter vielen anderen regionalen Heilpflanzen und Gewürzkräutlein wächst dort auch Knoblauch, dem ja eine abwehrende Wirkung gegen allerlei unchristliche Unholde nachgesagt wird. Kann nicht schaden.

Das war's auch schon, jetzt sind wir mit unserer Zombie-Runde am Ende. Falls bis zur Abfahrt des Zugs noch Zeit ist, kann man den Dorfbach entlang bis zum Spielplatz am Kyreinweg weiterwandern und den Tag dort oder in einem der sämtlich sehr empfehlenswerten Eiscafés ausklingen lassen. (Lena und Sohn lieben besonders die ausgefallenen Kreationen im »Cortina«, Tölzer Straße 2.)

---

40 Unter ihnen war auch der seinerseits sagenhafte Schmied von Kochel.

Extra-Tour

Wer noch ein paar Höhenmeter extra braucht (bis hier waren es nur popelige 40), steigt die idyllische Pflastertreppe am Spielplatzende hinauf und geht die Straße »Am Reiterbach« und »Oberreiterweg« bergauf bis zum Halsbach.[41] Links am Bach entlang halten, solange die Bergsteigerlaune anhält. Für unsere Schluchtenfreunde, die wir an dieser Stelle nicht vergessen wollen, empfiehlt sich der Geierstein- oder Kalkgraben.

Lenas Tipp

Das Bauernhofcafé »Hansbaur« in Steinbach! Eine urige, kinderfreundliche Einkehr auf dem Bio-Milchhof mit Paradiesgarterl zum Sitzen und Spielen samt Gratis-Federviehshow: Der Nachbar hält verschiedene (Zwerg-)Hühnerrassen. Lieblingsklassiker neben den Brotzeitplatten und Kuchen sind die hausgemachten Marillenknödel, die aromatisch an die räumliche Nähe zum Mehlspeisenland Österreich erinnern – denn auch dort steht das Steinobstgewächs Marille hoch in Ehren. Und nein, es ist NICHT dasselbe wie eine schnöde Aprikose. Gar kein Vergleich. Probieren!

Diese Marillenknödel sind so unfassbar gut – da hat sogar der Kamerafokus versagt

---

41 Das ist der, welcher auch das Freibad »Isarwelle« speist. Das ist eine bewusst in Kauf genommene Irreführung seitens der Gemeindeverwaltung. »Halsbachwelle« hätte nämlich deutlich weniger ansprechend geklungen. Und direkt falsch ist der Name ja nicht: Die Isar ist schließlich ganz in der Nähe.

AUSFLUG 15

Königinnen im Sonnental – die Jachenau erkunden

Zwischen Vorderriß und Kochel schmiegt sich die Jachenau versteckt und beliebt zugleich ins hügelige Gelände. Vom Walchensee zum Sylvenstein, vom Staffelgipfel bis zur Walchenklamm, vom Wegzehrungs-Geheimtipp zum wilden Wasserfall lässt sich hier so einiges Urtümliches und Urbayerisches und sogar das Grab einer magischen Königin samt Feenheer entdecken.

Tour: Ganz einfacher Spaziergang und noch dazu kinderwagentauglich, ausbaufähig zu einer Radtour mit Tagesausflug

Route: Diverse Spaziergänge und Wanderungen ab Jachenau Ort

Länge / Dauer: 6 bis 12 Kilometer, mindestens 90 Minuten mit Chance auf Verlängerung auf 3 bis 6 Stunden

Anfahrt: Vom Walchensee kommend führt eine kostenpflichtige Mautstraße pittoresk am See entlang in die Jachenau. Von Lenggries aus ist die Zufahrt kostenfrei, zudem auch schön per Rad erreichbar.

Startpunkt: Dorf 7 ⅓ (kein Witz!), 83676 Jachenau oder für die Radler: Lenggries Bahnhof

Gerademal etwas über 15 Kilometer erstreckt sich die Jachenau in Ost-West-Richtung. »Das bayerische Sibirien« wurde der Landstrich noch bis in die 1970er-Jahre genannt, als etwa 120 Tage im Jahr hier Schnee lag. Mittlerweile durch den Klimawandel verkürzt bietet das Tal heute Sonne und schattige Flecken zugleich.

Von Lenggries aus über die Ahornau und Bäcker (Ortsname, nicht Geschäft!) lässt es sich wundervoll in die Jachenau hineinradeln. Coole Langlaufkids nutzen diese Strecke übrigens ebenso wie die Mautstraße nach Vorderriß fürs Sommertraining: Auf Rollski rasen die Racer dahin und selbst der schnellste E-Radler kann da schwerlich Schritt halten. Dabei fallen schon auf dem Weg bauernstolze Lüftlfassaden der ausladenden Höfe samt gepflegten und verfallenen Hauskapellen in den Wiesenhängen ins Auge. Wenn wir mit zwei, vier oder keinen Reifen in Niedernach angekommen sind, dann sind wir zu weit gerollt. Denn der Walchensee samt Stand-Up-Paddle-Umstiegstelle soll erst später die Krönung unseres heutigen Ausfluges werden.

Drum schnell zurück über die gut ausgeschilderten Panoramawege hinein in den Jachenauer Ort, wo vielerlei Kälbchen in Bio-Haltung neben der Mama in den Wiesen zwischen den vereinzelten Gehöften stehen, wo die Nikolaus-Kirche von der Höh grüßt und

Blick ins Sonnental

Herz der Gemeinde: Der Dorfladen

wo die Hausnummern gedrittelt sind.[42]

Bei Hausnummer 7 ⅓, neben Rathaus und Wirtshaus, biegen wir auch schon ab in Richtung Kirchberg. Doch davor brauchen wir Proviant und den kriegt man hier in perfekter Lage im Jachenauer Dorfladen[43]. Ganze zwölf Damen und nur ein Herr kümmern sich abwechselnd um die Mischung aus Tante-Emma-Laden, Drogerie, Supermarkt, Gartencenter, Kiosk, Bäckerei, Stehcafé, Getränkemarkt, Gemüsestandl, Metzgerei und Ratschkathl-Center. Seit 1999 übernehmen die Jachenauer nämlich ihre Versorgung selbst und überlassen sie nicht dem Discounter. Und sie schmieren großen und kleinen Wanderern Semmeln für die Tour. Aber nur unter einer Bedingung: Wenn sie nämlich Hunger haben! Der stellt sich spätestens vor der breiten Theke mit den netten Damen ein. Unsere Semmeln werden von Martina und Evi mit Jachenauer Bier- und Bergkäse belegt, den sogar kleine Entdecker essen dürfen, die noch gar kein Bier trinken dürfen. Wer das schon darf, dem sei der Mittenwalder »Schraufm«

---

42 Diese historischen Bruchteilhausnummern lassen übrigens jeden Paketboten verzweifeln und wurden deshalb stark reduziert.

43 www.jachenauer-dorfladen.de

als regionales cooles Brauerzeugnis empfohlen (sogar das Etikett ist bilingual boarisch-deutsch).

Und wo soll ma jetzt hinwandern? »Na, zum Wasserfall«, empfiehlt Martina. Da spazieren sie auch immer hin, weil es da grad so schön ist. Ungern verlässt man den vollgestopften, sympathischen Grund- und Allesversorger, doch wir sind nun ausgerüstet und erwandern uns in etwa 90 Minuten den Wasserfall auf der Spur nach Aschanis magischer Grablege.

Das goldene Grab der Königin

Aschani, Königin der Zigeuner aus Siebenbürgen, wurde hier bestattet und als Regionalheilige verehrt. In voller Tracht mit Perlen und Blumen behängt, von Pilgern besucht und vom Pfannenflicker bis zum Patrioten verehrt. Auf ihren Grabhügel legten die Vorbeiwanderer einen Stein und schufen einen stattlichen Hügel. Lebendig soll sie im hohen Alter am Ende eines satten Lebens dort bestattet worden sein, begleitet vom Satz: »Dscha dele! Dscha dele! O polopen baro mele!« – »Kriech unter! Kriech unter! Die Welt vermehrt sich!«

Wo genau sich das Grab zwischen Letten und Jachen befindet, weiß heute niemand mehr, jedoch weist des Nachts eine schwarze Gestalt den Weg zum Grab mit goldenen Beigaben. Gar manches Mal verschenkt die magische Königin auch ihr Grabgold in einem Brunnen am gleichnamigen Berg, aus dem goldene Kugeln sich ins Wasser mischen.

(Frei nach Gisela Schinzel-Penth)

Diesen royalen Ausblick genoss schon Königin Aschani.

Das finden wir doch! Der Weg führt eine kleine Klamm entlang und markiert den Startpunkt für den Wanderweg zur Benediktenwand. Nach einer Kreuzung begeht und verlässt man wieder eine Forststraße, bleibt immer in Flussnähe, den man gut ausgebaut mehrfach überquert, bis der Abzweiger uns den Weg zum Wasserfall weist. Kurz davor im Buchenwald, von Moos auf Holz, Stein und Fels überwuchert soll es liegen, das magische Aschani Grab. Also: Aufstellung und im Chor gerufen: »Dscha dele! Dscha dele! O polopen baro mele!« [44] Und? Gibt es Gold oder nur ein Ansichtsfoto?

Nach Querung einer schottisch anmutenden »Highland-Wiese« erklimmen wir sicher die letzten Meter zum Wasserfall, der in mehreren Bahnen über 30 Meter seine Bahn den Fels herabspringt. Auf der rechten Seite tut sich eine geräumige Grotte mit Naturdusche auf und auch das Becken unterhalb des Falls kann zum eiskalten Erfrischen genutzt werden. Bänke laden zum Verweilen ein. Aber laut

---

44 Lena ist oft in Siebenbürgen, kann selbst ein bisserl Rumänisch und hat dort extra mal bei den Nachfahren der Königin nachgefragt, ob das so stimmt. Die Antwort war lautes Gelächter. Den wahren »Zauberspruch« wollte man ihr nicht verraten, der ist natürlich geheim.

dröhnt der Schlag des Wassers, das sich von weißlich schäumender Gischt schnell wieder in tauklares Gebirgsquellwasser verwandelt, sobald es sich im weiteren Bachverlauf beruhigt. Eben hier rasten wir mit Evis Semmeln, wie der einst hier ansässige …

… arme Hirte und die Goldquelle in der Jachenau

Franzl, der Sohn der verwitweten Magd Creszenz, verdingte sich als ehrlicher Hirte und lebte mit der Mutter in einem kleinen Haus am Fuße der Benediktenwand unweit des Wasserfalls. Eines Abends fand der Sohn die schluchzende Mutter unter einer Linde. Der Gutsherr S. verlangte geschuldetes Geld zurück, das sie seit dem Tod des Mannes nicht zahlen konnte. Darauf gebot er, dass die beiden ihr Haus verließen und ihrer Wege gingen. Damit wäre Heimat und Hort verloren. Franzl brachte seine Mutter ins Bett und stürmte aus Verzweiflung allein des Nachts die Berge hinauf.

Er warf sich zu Boden, zerrte an den Haaren und vergrub sein weinendes Gesicht im Gras. Seine Tränen fielen in die taunasse Wiese und daraus schlüpften kleine Feen, die im Reigen tanzten und sogleich den Hirtenbuben erkannten. Doch sang er nicht und lachte nicht, wie sie es gewohnt waren, sondern er weinte und schluchzte. Aus seiner letzten Träne erschien deren Königin im schimmernden Kleid aus Bergkristall, der sich aus den Tränen des Buben erhärtete. Darauf wurde er der Feen gewahr.

»Was fehlt dir, Franzl? Warum lachst und singst du nicht, sondern weinst hier bei kalter Nacht fern deiner Mutter und deines Heims?«, fragte die Königin. Franz berichtete von seinem Elend und die Feenkönigin versprach sogleich zu helfen. Irrlichtern gleich wiesen die Feenschwestern den Weg hinein in den Jachenauer Graben. Sie selbst geleitete den verängstigten Buben, der dennoch der hell schimmernden Gestalt vertraute. Sie gelangten zu einer Felsspalte, aus der untertags das Gebirgswasser in rauschendem Brodeln quoll, nun aber erhellten die Feenlichter einen flüssigen Goldbach, der sich gemächlich und lavagleich aus einer Grotte heraus in das Becken ergoss. Der Bub füllte respektvoll seinen Hut und bedankte sich ehrlich. Darauf nahm er seinen Weg nach Hause. Doch ausgerechnet durch ein Loch im Hirtenhut verlor er viel von seinem Reichtum auf dem steinigen Weg.

Dennoch genügte es, das Haus und die Schuld der Mutter auszulösen. Über das verlorene Gold beklagte sich Franzl nie. Sie lebten weiterhin zufrieden als Hirt und Magd und nun sicher in ihrem Häuschen. Die Quelle suchte er nie mehr, andere sehr wohl, doch eine Feenkönigin wies ihnen nimmermehr den Weg und die Goldquelle blieb verschollen.

(Nacherzählung Andreas M. Bräu)

Hier sitzen wir also! Und nur Wasser sprudelt aus dem Quell und aus der Grotte. Kein Gold. Vielleicht am Boden? Nur Kiesel? Nun gut, dann drehen wir eben um, wenn wir nicht gleich auf die Benediktenwand wollen, sondern kehren gut gefüttert zurück in den Ort Jachenau. Dort lässt sich gut einkehren oder spazieren gehen. Von hier aus ließen sich noch der Sylvensteinsee erwandern und zum berühmten Jochberg gelangt man von der Jachenau auch schöner als über den hochfrequentierten Kesselberg samt Staustunden. Beide Routen dauern aber einfach 2 bis 3 Stunden.

Oder wir kehren doch an den Walchensee zurück, schnappen uns ein Stand-up-Paddle-Board oder die Badesachen und lassen die Grab- und Goldsuche im Sonnental bei Sonnenuntergang am Ufer ausklingen. Hach, Jachenau!

Andis Tipp

Als Tagestrip kann man von Wallgau kommend eine Spazierfahrt durchs obere Isartal und das Naturschutzgebiet Karwendel(-vorgebirge) bis nach Hinterriß und zum dortigen Gamsgehege dranhängen. Dort sieht die Landschaft nach Kanada aus und in die Eng hinein ist man sogleich in Tirol. Auf dem Weg der Mautstraße liegen diverse Picknick- und Pausenplätze sowie eine Ratebrücke der bayerischen Staatsforsten. In der Eng angekommen kann man in idyllischer Tiroler Landschaft die Nachbarkulinarik erforschen und dann frisch gestärkt via Fall und Sylvensteinspeicher weiter nach Lenggries und in die Jachenau starten.

Idylle Walchensee

AUSFLUG 16

Walle, Waller, Wunde, Wikinger: Walchensee-Special

Egal ob man ihn ganz umrundet, die Halbinsel Zwergern erkundet oder in einsamen Badebuchten das Fjord-Feeling genießt: Der Walchensee ist ein so zentraler, mythischer Ort, dass er einen separaten Abstecher verdient hat. Oder zwei. Oder drei … Wikinger-Fans in der Familie? Perfekt! Mit denen wandern wir den Nordmännern aus den »Wickie«-Filmen hinterher.

Tour: Schwierigkeitsgrad einfach, flach, kinderwagentauglich

Route: Einsiedel – Klösterl – Kapelle St. Margreth – Einsiedel – Lobisau – Walchensee

Länge: Halbinsel Zwergern sowie Wikinger-Wanderung Niedernach-Urfeld, jeweils ca. 5 Kilometer

Anfahrt / Parken: Vor allem an schönen Wochenenden nach Möglichkeit mit dem Bus anreisen. Am Nachtparkplatz Einsiedel stehen Camper gegen ein moderates Entgelt.

Start- / Zielpunkt: Nachtparkplatz Einsiedel bzw. Talstation Herzogstandbahn (beide kostenpflichtig) bzw. Halbinsel Zwergern / Klösterl / Ort Walchensee

Eine Erinnerung an den Walchensee trägt Andi jeden Tag seit über 30 Jahren mit sich herum. Etwas versteckt, doch unverrückbar und trotz anfänglicher Schmerzen im guten Gedenken. An seinem Kinn, mittlerweile vom Bart überwuchert, ist eine längliche Narbe, die er sich als Steppke auf dem Dreirad eingefangen hat. Wo? Na, am Walchensee freilich! Genauer gesagt auf der Halbinsel Zwergern, wo Zwerge halt mit ihren Dreirädern so cruisen.

Die Route bietet sich aber auch an, so richtig am Ufer entlang zu düsen, ein Buckerl bergauf und wieder hinab, hinaus an den Spitz zur Kapelle und durch den Wald wieder zurück in Richtung Einsiedel. Beim Strampeln wollte Andi als gut Dreijähriger wohl schnittig in den Wassersport wechseln, segelte übers Radl, bremste mit dem Kinn am Lenker und schon grub sich die bleibende Blessur ein. Geschrien hat er übrigens nicht! Das müsst ihr ihm jetzt glauben. Denn eines ist klar: Ein Indianer kennt keinen Schmerz. Und ein Wikinger schon gar nicht. Doch dazu später mehr …

Bleiben wir mit oder ohne Dreirad (und hoffentlich narbenfrei) auf der Zwergernrunde. Wenn wir immer dem W1-Weg folgen, verlieren wir den grünlich schimmernden See nicht aus den Augen. Nach einer Weile erreichen wir die Landzunge mit ein paar hingetupften Höfen. An dieser hübschen Sackgasse

Die Heilige Margarethe mit Drachen im Ulmer Münster, 15. Jahrhundert

Kapelle St. Margareth

lohnt übrigens ein genauerer Blick auf die Kapelle St. Margareth, die sommers wie winters fotogen am Ufer prangt.[45] Dahinter einige Gemüsegärten, bayerisch-blau-weiße Fensterläden und so viel magisch-mythischer See, der noch mehr Erinnernswertes bietet als eine Narbe am Kinn:

45 Der Legende nach wurde die Heilige Margarethe von einem Drachen verschluckt. Doch als sie in seinem Bauch das Kreuzzeichen schlug, spuckte er sie unversehrt wieder aus – seither gilt sie als die Patronin der Schwangeren. Auf dem Altarbild der Kapelle gibt es ein ganz reizendes Wandgemälde von Margarethe, auf dem sie »ihren« grünen Drachen an der Leine führt wie ein braves Haustier.

Die bebende Erdader zum Meer

Willibald Schmidt berichtet vom Brodeln des Walchensees parallel zum Erdbeben von Lissabon an Allerheiligen 1755. Durch Flutwellen wurden Fischer aus ihren Booten geschleudert, haushoch türmten sich die Wogen, Sandreißen fingen zu laufen an und ganz Walchensee bis Lenggries und Benediktbeuern war aufgeschreckt, bis man erfuhr, dass der Auslöser für das – unter anderem von Heinrich von Kleist anschaulich beschriebene – Unglück satte 2437 Kilometer entfernt lag. Wie konnte denn das passieren? Der Sage gemäß ist der Walchensee wegen seiner schieren Tiefe mit dem Meer verbunden. Mehrfach hat man versucht schwere Steine und Felsen von Booten aus auf der Seemitte hinabzulassen, doch auf Grund ist man nie gestoßen. Warum? Weil es keinen gibt, sondern eine gewundene Wunderader bis ins Meer führt. So ein Kanal wäre gar für Jules Vernes' »Reise zum Mittelpunkt der Erde« tauglich.[46] Der Wahrheitsgehalt ist freilich wie immer unergründlich.

Unbestritten ist die Schönheit der Zwergern. Wer mag, kann von hier aus nach Walchensee (Ort) weiterwandern oder durch den Wald auf dem Albert-Schmidt-Weg zurück zum Ausgangspunkt. Und das war nur eine Variante am See.

Ebenso für die ganze Familie und sogar einen Wikinger-Clan geeignet (zudem kinderwagentauglich) ist der Abschnitt Obernach – Niedernach – Urfeld (oder andersherum), wo man sich auf die Spuren der Nordmänner begeben kann: In der Sachenbacher Bucht wurde

46 Außerdem soll der Walchensee unterirdisch auch durch die Kuhflucht in die Loisach bei Partenkirchen abfließen. Ein Binder hat einmal einen Schlegel in den See geworfen, der ist dort wieder zum Vorschein gekommen. So schreibt zumindest Willibald Schmidt.

Rustikales Immobilien-Ensemble in Bestlage: Wikinger-Filmdorf Flake

2008 Bully Herbigs »Wickie und die starken Männer« gedreht![47] Na klar: Durch die geheime Wasserader ist der Walchensee freilich neben Farchant und Lissabon auch mit den skandinavischen Fjorden verbunden. Damit gehören die Wikinger unterirdisch, übersinnlich und filmhistorisch sowieso nach Werdenfels.

Und wirklich: Fühlt man sich zwischen den Gletscherschliff-Gesteinswänden und dem kristallklaren Wasser nicht wie mitten in einem norwegischen Fjord? (Wer keine Wikinger mag, denkt einfach an Kanada). Auf dem Heimweg müssen wir natürlich unbedingt

---

[47] Bully Herbig war nicht der Erste, der den Walchensee als Nordmeer-Double einsetzte. Bereits 1958 wurden hier Szenen für den Brutalo-Schinken »The Vikings« mit den Weltstars Kirk Douglas und Tony Curtis gedreht. Achtung – KEIN Familienfilm!

noch das Wikinger-Dorf Flake[48] auf der anderen Seeseite besuchen, wo die »Wickie«-Kulissen für den gleichnamigen Film eine dauerhafte Heimat gefunden haben (nur zum Dreh von Teil 2 »Wickie auf großer Fahrt« wurden die Hütten per Schiff wieder zurückgebracht). Achtung, auf der gesamten Strecke keine Einkehrmöglichkeit – dafür aber viele Badestrände. Aber ein echter Wikinger hat sowieso Proviant dabei oder erlegt das Nötige auf dem Weg.

Will man mit dem ganzen Wikinger-Clan dann doch länger bleiben und kein Dorf errichten, sondern mit bis zu 24 Mann übernachten, dann ist das Klösterl Walchensee zu empfehlen. Als Eigentum der Diözese Augsburg bietet das Selbstversorgerhaus traumhaftes Ambiente auch für einen Spaziergang. Wer kann, sollte über Nacht bleiben! Betreiber Michael Harzenetter ist neben seiner Tätigkeit als Hauswart auch noch ein ambitionierter Sänger und hat schon ganze Musikertruppen in seine kleine Klosterkirche zum Weihnachtskonzert geladen. Eingeschneit wanderten die Zuschauer zu dem Kleinod am Ufer und hörten dann den Betreiber mit seinem satten Bariton und tollen Vokalensembles. Sein Klösterl[49] hat eine interessante Geschichte und geht auf Hieronymiten zurück, die sich Anna und Joachim weihten. Heut verweilt man hier zur Besinnung und zum Entspannen.

Das alles und noch mehr bietet der Walchensee allein beim Spazieren entlang seiner Seepromenaden. Jetzt haben wir schon Wikinger, Zwerge, Erdbeben, Meeradern und Klöster. Fehlt noch der

---

48 Geöffnet von April bis November, freier Eintritt. Einmal wöchentlich finden kostenlose Führungen statt, im Herbst gibt es einen Wikinger-Markt mit Lagerleben.

49 1669 für den Einsiedler Onuphrius gebaut, wurde das Klösterl in Bestlage am See bald von Mönchen geradezu überrannt. Dann verwickelten sich Onuphrius' Jünger wegen ihrer Hausbrauerei auch noch in einen »Bierkrieg« mit dem Wirt von gegenüber und mussten 1719 das Idyll verlassen. Heute ist es teils schon auf Jahre im Voraus ausgebucht: wieder nix mit der Einsiedelei.

Kleinod mit Übernachtungsmöglichkeit im historischen Ambiente

Fisch. Wie heißt es so schön in Johann Wolfgang Goethes »Ballade vom Zauberlehrling«? »Walle! Walle! Manche Strecke, dass, zum Zwecke, Wasser fließe und mit reichem, vollem Schwalle zu dem Bade sich ergieße […].«

Tatsächlich wurde der Walchensee[50] bis ins 20. Jahrhundert hinein auch Wallersee genannt und die Geschichte dahinter wollen wir euch nicht vorenthalten:

50 Der seinen Namen in Wirklichkeit wie auch das Dorf Wallgau von der Rest-Römer-Volksgruppe der »Walhi« hat, die sich in der abgelegenen Gegend hier vor den einwandernden Germanen versteckte.

Der Waller am Grund des Walchensees

Am tiefen Grund des Walchensees, in undenkbarer Kälte und Schwärze, liegt seit Anbeginn der Zeit ein riesiger Waller. Er beißt sich in den eigenen Schwanz, um mit der enormen Kraft seines muskulösen Fischleibs das Gebirge zusammenzuhalten. Tief und fest schläft das Untier. Wenn jedoch einmal die Münchner zu wild und laut werden, wenn das Geschrei und Getöse der Landeshauptstadt durch Gestein und Grundwasser bis in sein stilles Reich dringen … dann erwacht der Waller und öffnet das Maul. Er lässt seine Flosse los und wie eine gewaltige Sprungfeder schnellt der mächtige Fischschwanz gegen den Kesselberg, welcher wie Gips zerbröselt. Die schwarzen Fluten des Walchensees türmen sich zu einer riesigen Flutwelle auf, welche bergabwärts durch das Oberland rast und die Landeshauptstadt einfach auslöscht und davonschwemmt. Die Münchner hatten solche Angst vor dieser nassen Strafe Gottes, dass sie über 400 Jahre lang in der heute nicht mehr existierenden Gruftkirche jährlich einen Bittgottesdienst abhielten. Jeder neue Kurfürst musste zudem einen goldenen Ring weihen lassen und ihn anschließend feierlich im See versenken.

(Nach Willibald Schmidt et al.)

Die Mär vom Riesenwaller ist eine eingedampfte Version der germanischen Midgardschlange, welche im Ur-Ozean die ganze Welt umspannt und sich ebenfalls in den Schwanz beißt (wenn sie loslässt, geht allerdings mehr unter als »nur« München – der Weltenbrand

Wohl schon länger keinen Goldring mehr gefressen: Wallersee Waller

Ragnarök beginnt). Alles abgekupfert von den Germanen also. Und obwohl der Walchensee wirklich schwarzgrün und schrecklich tief ist, kann man dort ganz wunderschöne Stunden verbringen. König Ludwig II. – der Letzte übrigens, der einen Goldring in den See werfen ließ – schrieb am 22. August 1865 in sein Tagebuch: »Als ich gestern über den Walchensee fuhr, sah ich etwas Schönes. Die seichten Stellen: wie klar, wie licht alles auf dem Grunde, das Wasser war nur ein Glas; schöner weißer Sandgrund, jeder einzelne Stein, da, dort, hier eine Pflanze, dort ein Stamm – alles deutlich.« Vom Riesenwaller hat der König damals trotz bester Sichtverhältnisse nichts mitbekommen. Genauso wenig übrigens wie heute die zahlreichen Taucher und die müssten es ja wissen. Vielleicht schweigen sie aber auch lieber und behalten das Waller-Geheimnis (und vielleicht die goldenen Ringe aus München) für sich?

Freunde des Flachwanderns tun es dem Waller nach und umrunden den See einmal ganz (27 Kilometer, wenige Höhenmeter). Da der Weg an der Westseite aber über eine längere Zeit haarscharf neben der vielbefahrenen Straße entlangführt, empfehlen wir eine Komplettumrundung nur mit größeren Kindern ab zwölf Jahren. Lena hat den Walchensee einmal mit einer extrem strapazierfähigen sechsten Klasse umrundet. Wie das geklappt hat? Mit ausreichend Abkühlung: Jede Eisverkaufsstelle, jeder Badestrand wurde gnadenlos mitgenommen, sodass am Ende nur die Fußsohlen qualmten.

Extra-Tour

Von Niedernach, wo der Rißbachstollen in den See rauscht, den Fuchsgraben entlang eine gute Stunde hinauf in die Jachenau wandern (siehe Tour 15) und sich für den Anstieg im Ort Jachenau mit einer Einkehr belohnen.

Nicht zu Unrecht als »bayerische Karibik« bezeichnet: der Walchensee

Lenas Tipp

Der beste Naturbadeplatz ist der am Nordende der Halbinsel Zwergern, ein paar 100 Meter hinter dem Jugendhaus Klösterl. Wer es etwas zivilisierter mag (Kiosk, Toiletten), steuert das offizielle Strandbad im Ort Walchensee zwischen Flake und dem Strandcafé »Bucherer« an. Kinderfreundliche Stärkung gibt es bei meinem Kumpel Karl im Urfelder »Café am See« (mit Kiosk). Karls Familie vermietet dort übrigens auch Ferienwohnungen – und Boote.

Andis Tipp

Schnappt euch bei einem der Verleiher Tretboot »Doris« oder besteigt kühn ein Stand-up-Paddle, um selbst die Sicht aus der Mitte des Walchensees zu genießen und die magische Tiefe bis hinab zur Meeresader zu erahnen. Fast 200 Meter sind belegt, weswegen wir besser an Bord bleiben.

AUSFLUG 17

Durchs Schilfgras zum Schlupfstein mit Irrlicht und Tutli-Pfeiferin

Einfache Runde am Isarwestufer entlang und hinauf zum Dorf Wackersberg, wo früher die Irrlichter unterwegs waren und das vielleicht jüngste Hügelgrab der Geschichte liegt. Zwar gibt es weder an der Bibermühle Biber noch an den Dachshöhlen echte Dachse zu sehen – aber die Steinpyramiden im Isar-Kiesbett, die gibt es wirklich und wir dürfen sogar mitbauen!

Tour: Rundweg, weitestgehend kinderwagentauglich (rund um die Dachshöhle sind wurzelige Waldpfade)

Route: Wackersberg / Bibermühle – Pestkapelle – Wackersberg Dorf / Eusebius-Statue – Dachshöhle – Isaruferweg – Isarpyramiden – Wackersberg / Bibermühle

Länge: 7 Kilometer, 100 Höhenmeter

Anfahrt / Parken: Die Bushaltestelle Bibermühle ist praktisch gelegen. Als Einstieg empfehlen sich auch der Wanderparkplatz Zwiesel nahe dem Gasthof »Waldherr-Alm« bzw. der Vordere Wanderparkplatz Längental, Untermberg 22.

Start- / Zielpunkt: 83646 Wackersberg, Ortsteil Bibermühle

Pestkapelle in Wackersberg

Wackersberg ist ein ganz besonderer Ort, das sieht man schon am Wappen: Über einem merkwürdig unglücklich dreinschauenden Fisch thront ein reich geschmückter, grüner Schützenhut. Die gut 3000 Einwohner verteilen sich auf 60 (!) Gemeindeteile.[51] Wackersberg, erst 500 Jahre »jung«, musste schon viel einstecken: 1634/35 starben fast alle Bewohner an der Pest. Und die 1846 entdeckten Jodquellen, die Bad Tölz weltbekannt machten, liegen eigentlich auf Wackersberger Grund. Bei der Gebietsreform 1978 wollten sich die Tölzer das Dorf dann auch noch komplett einverleiben – die wackeren Wackersberger wehrten sich, indem sie ihrerseits mit dem etwas unterhalb gelegenen Oberfischbach fusionierten – daher kommt auch der Fisch auf dem Wappen. Wackersberg hat aber nicht nur unzählige Almen und wunderschöne alte Bauernhäuser

---

[51] Wer bei dieser Tour also auf den Geschmack kommt, ist noch eine Weile beschäftigt mit dem Abklappern der Highlights von Abberg und All bis Wolfsöd. Gut in dieses Ortsteil-ABC passt auch die bretonische Partnergemeinde von Wackersberg: Yffiniac.

zu bieten[52], sondern auch besonders viele Sagen. Meist geht es um Edelmetall (wer beispielsweise am Johannistag nach Kohlen gräbt, findet mit etwas Glück stattdessen Gold), aber auch um gruselige Geschehnisse.

Besonders um die Pestkapelle, an der wir unsere Runde beginnen, ranken sich düstere Legenden. Eigentlich kein Wunder: Der sanfte grüne Hügel daneben ist ein fast 400 Jahre altes Massengrab, in dem die wenigen Überlebenden von Wackersberg damals all ihre toten Freunde und Familienangehörigen bestatteten. Doch als wäre das nicht schon unangenehm genug, soll sich hier auch ein großer schwarzer Hund mit feurigen Augen herumtreiben – und natürlich allerlei Menschen, die mit dem Bösen in Verbindung stehen. Wie so eine Hexe ausschaut, das ist ja ganz klar, oder?

Die Trud

Eine Hexe erkennt man schon von Weitem am Gang und das Gesicht trügt selten, hat sie aber gar noch rote Gluderaugen, dann weiß man sicher, wie viel Uhr es mit ihr geschlagen hat. So kennt man auch die Trud beim ersten Blick, denn deren Augenbrauen gehen in verkehrter Richtung statt den Schläfen der Nasenwurzel zu, und je borstiger sie sich steifen, je ärger sind sie zu scheuen.

(Nach Karl von Leoprechting, 1855)

[52] Der Wackersberger Ortsteil Arzbach wurde 2006 FAST zu Bayerns schönstem Dorf gewählt.

Oh, das sind ja Vorurteile! Da fassen wir uns jetzt mal selbst an die Nase: Steht da vielleicht ein Härchen in die falsche Richtung? Wächst bei Papa vielleicht eine Borste an der Backe oder hat Mama ihre Allergie-Augentropfen vergessen? Und wer bitte geht denn nicht ab und zu mal komisch? Vielleicht liegt das nur an einer Blase an der Ferse oder einem eingewachsenen Zehennagel. Wir fassen also zusammen: Windzerzaustes Haar, neue, noch nicht ganz eingelaufene Wanderschuhe, bisschen Heuschnupfen – fertig ist die Hexe. So schnell kann's gehen.

Von der Pestkapelle aus schlendern wir die Lehenstraße runter nach Haupt-Wackersberg. Auf dem Kirchenvorplatz entdecken wir die Statue eines Würdenträgers, der uns mit seiner Schreibfeder zu segnen scheint: Das ist der hier geborene Theologe mit dem schönen Namen Eusebius Amort.[53] Bei der Kirche St. Nikolaus biegen wir links ab in die nach ihm benannte Amortstraße, die zur Quellenstraße wird und uns wieder bergauf führt. Gleich nach dem kleinen Wäldchen rechts geht der Weg zur Dachshöhle ab.

Diese angebliche Dachshöhle hatte ursprünglich eine viel größere Bedeutung, als »nur« schwarzweiß-gestreifte Fellträger zu beherbergen (spätestens seit hier der gepflegte Wanderweg vorüberführt, hat es sich eh ausgedachst). Die natürliche Öffnung im Höhlendach diente den Menschen der Umgebung vor Jahrtausenden als sogenannter Schlupfstein. Ein Erwachsener passt mit Mühe gerade so durch (nein, Andi und ich haben es nicht ausprobiert). Das Durchschlupfen soll aber auch gar nicht angenehm sein, sondern eine – durchaus schwierige – (Wieder-)Geburt symbolisieren, von alten Belastungen und sogar Krankheiten reinigen. Ein magisches Ritual noch aus der Zeit, als wir Menschen selbst in Höhlen

---

53 Eusebius Amort bekam als Sohn einer Bauernfamilie an der Bibermühle den Namen Thomas. Als hochgebildeter und angesehener Kirchenmann Eusebius gründete er die Bayerische Akademie der Wissenschaften mit und veröffentlichte mehr als 70 Werke über Astronomie, Kirchenrecht und Moral.

Brrr! Die Dachshöhle im Winter

lebten und daher eine ganz andere, innigere Verbindung zu Mutter Erde hatten. Einige dieser europaweit verbreiteten »Schlupfsteine« wurden später vom Christentum integriert, beispielsweise in die Legende des Heiligen Wolfgang, der auf der Flucht vor dem Teufel durch einen Stein schlupft: Wolfgang passte gerade so hindurch, der Teufel blieb stecken.[54]

Wenn wir genug durch das moosige Idyll im schattigen Wald am Einbach geschlupft sind, gehen wir über den Sonnershof und die Burgernstraße wieder hinunter an die Isar. Pferdefreunde werden hier vermutlich ganz langsam, obwohl es bergab geht: Wir passieren sowohl die Pferdepension mit Reitschule Grauburgerhof als auch den Turnierreitverein Gut Bohmerhof. Zum Glück gibt es hier

54 In der Kirche St. Wolfgang zu Altenmarkt an der Alz, gut 90 Kilometer entfernt, gibt es sogar einen Schlupfstein aus rotem Marmor. Diese barocke Sonderanfertigung soll besonders gegen Kinderlosigkeit und Rückenschmerzen helfen.

auch die »Bohmerhofstub'n«, ein gemütliches Wirtshaus samt Biergarten mit Hammer-Aussicht. Echt zum Wiehern. Von hier aus ist es nur noch 1 Kilometerchen bis hinunter an die Isar, und damit steigen wir von den Höhen der hässlichen Hexen hinab zum schönsten aller wunderbaren Wasserwesen: ins Reich der Isarnixe! Auf der Strecke dorthin sollten wir aber schauen, dass es nicht schon dämmert. Wir könnten sonst eventuell unliebsame Begleitung bekommen:

Das Irrlicht an den Wackersberger Leiten

Wenn ein Tölzer Bauer zu lange in der Wirtschaft gesessen hatte und erst im Dunkeln nach Hause eilte, machte er oft eine unliebsame Bekanntschaft: die eines kleinen, aber deutlichen Lichtleins, das am Waldrand entlanghuschte. Manchmal flackerte es auf der linken Seite des Wegs, manchmal auf der rechten, am liebsten aber entlang der Friedhofsmauer. Manchmal kam es sogar vor, dass dieses Lichtlein den armen Bauern bis zu seinem Hof begleitete. Die Wackersberger waren sich einig, dass es sich um die Seele einer armen Tiroler Soldatenfrau handeln musste, die hier 1800 im Streit von ihrem Mann erschlagen worden sein soll.

(Nach Willibald Schmidt und Gisela Schinzel-Penth)

Da weiß man nicht, welche Erklärung weniger schauderhaft ist: die irrlichternde Seele eines Mordopfers oder die brenzlige Gasmischung aus dem Moorboden, in dem womöglich noch ganz andere Geheimnisse vergraben liegen … Gut, dass wir gleich am luftigen Flussufer entlang flanieren. Bei niedrigem Wasserstand suchen wir uns einen Weg ins Kiesbett und stapeln Steine! Uns könnt ihr doch ganz bestimmt toppen, oder?

Mit der atemberaubend attraktiven Dame aus dem Wasser hinter uns ist allerdings nicht zu spaßen. Sie lässt nichts unversucht, verliebte Männer in den Untergang zu locken. Hier im Tölzer Land trägt sie den ungewöhnlichen Namen »Tutli-Pfeiferin«, und das kam so:

Lena und Andi haben sich bisher noch nicht als Hochstapler hervorgetan.

Die Isarnixe

Einst wurde auf einer Burg über der Isar eine große Hochzeit gefeiert. Gäste aus der halben Welt waren angereist und vergnügten sich auf einer blumengeschmückten Terrasse über der Isar. Das Fest war mindestens genauso rauschend wie die Fluten der Isar. Musikanten spielten, der Wein floss in Strömen. Besonders eine junge Dame erregte Aufsehen für ihre bemerkenswerte Schönheit. Niemand wusste, woher sie kam, aber ihr Schmuck und vor allem das schimmernde Kleid aus einem außergewöhnlichen, fließenden Stoff ließen auf edelstes Geblüt schließen. Ihre Haut war so weiß, dass sie fast durchsichtig wirkte, und im dunklen Haar funkelten grüne und blaue Edelsteine. Kein Mann konnte die Augen von ihr abwenden, doch niemand wagte es, sie anzusprechen. Nur ein junger Spielmann, berauscht vom Wein, nahm seinen Mut zusammen und setzte sich zu ihr. Sie lächelte ihn an. So ermutigt gestand er ihr seine Bewunderung. Er habe sich auf den ersten Blick in sie verliebt, hauchte er ihr ins Ohr. Da riss sich die schöne Unbekannte ihre silberne Kette vom Hals, an der zahllose Türkise baumelten wie große Wassertropfen. »Wenn du mich wirklich liebst, dann beweise deinen Mut!«, rief sie und warf die teure Halskette in hohem Bogen hinunter in die Isar. »Hol mir die Kette zurück!« Der junge Mann zögerte nicht lange und sprang dem Schmuck hinterher in die gurgelnde Flut. Zack, war er weg und wurde nie mehr gesehen. Das schöne Edelfräulein aber auch. Es war nämlich eine männermordende Nixe auf der Suche nach einem weiteren Opfer gewesen, die nur für die Dauer des Festes menschliche Gestalt angenommen hatte.

(Nacherzählt von Lena Havek)

Na, könnt ihr am Flussufer Schilfgras sehen? Dort liegt sie angeblich oft auf der Lauer, die Nixe. Und zwar nur spärlich bekleidet. Sobald ein junger Mann vorbeikommt, lässt sie nackte Tatsachen durch das Schilfgras blitzen und dabei einen klagenden Lockruf ertönen: »Tutli-i-i-iiih …« Die Sage von der mörderischen Wasserfrau spielt auf einer Burg, die heute nicht mehr genau lokalisiert werden kann. Meist wird die Burg Grünwald angegeben, die aber ja einige Kilometer nördlich unterhalb Münchens liegt. Aber auch Bad Tölz kann auf eine uralte Burg in Ufernähe verweisen, die im Mittelalter weitum bekannt war. Es scheint deshalb logisch, die Isarnixe nicht auf einen exakten Standort festzulegen – sie kann schließlich schwimmen.[55] An der nicht schiffbaren oberen Isar braucht man sich gar nicht vor der Nixe zu fürchten: Die Tutli-Pfeiferin ist auf kernige Flößergesellen spezialisiert und wird erst ab Lenggries so richtig aktiv.

Apropos gefährliche Damen: Direkt gegenüber den Steinpyramiden liegt am anderen Isarufer der Ort Gaißach. Dort existierte einst die Kapelle einer Dame, deren Namen heute zu Unrecht in Verruf geraten ist: die Heilige Corona. Die Kapelle wurde nach einem Blitzschlag 1807 abgerissen. Doch noch heute heißt der ehemalige Standort (ein bronzezeitliches Hügelgräberfeld) »Koronafeld«.

55 Aber wer weiß, vielleicht gibt es ja auch einfach mehrere Nixen. Der Berufsstand »Nixe« ist heute sowieso beliebter denn je. Die offiziellen »Isarnixen«, eine bereits 1903 gegründete Münchner Synchronschwimmgruppe, haben sogar über 100 Mitglieder und sind auch international sehr erfolgreich.

Lenas Tipp

Diese Tour hat ein paar durchaus gruselige Elemente. Zur Auflockerung auf dem Heimweg in ein paar Lieder des Wahl-Gaißachers Josef Bauer vulgo Kraudn Sepp reinhören (Achtung, nicht alle jugendfrei – ich empfehle »Fünf Minuten später«, »Die Zeit, die mir jetzt ham« und natürlich »O Isartal«). Der virtuose Zitherspieler und humoristische Gstanzl-Sänger beeinflusste viele jüngere Künstler und gilt heute als der »Johnny Cash der bayerischen Volksmusik«.

Richtig nixenmäßig abtauchen könnt ihr in der »Isarwelle«, dem Naturfreibad Lenggries. Schon 2003 bekam das Freibad für seine sanfte Art der Wasseraufbereitung den Landkreis-Umweltpreis verliehen. Und hier schließt sich der Kreis zur Isarnixe. Denn die Aufbereitung erfolgt durch eine ganz spezielle heimische Pflanze, die in der sogenannten Regenerationszone im flachen Uferbereich wächst und es faustdick hinter den Rhizomen hat: dem Schilfgras.

Extra-Tour

Vom Scheitelpunkt unserer Tour, der Dachshöhle, kann man vorbei an der ehemaligen Jod-Verdampfungsstation Wackersberger Quelle (heute Ferienwohnungen) den Steinwieselgraben entlang in 1 Stunde hinauf zur Blomberg-Bergstation steigen (1236 Meter Meereshöhe). Nein, der Berg heißt Blomberg, nicht Blocksberg wie der Nachname der beliebten Zeichentrickhexe Bibi. Zwischen dem Blomberg und seinem Nachbargipfel, dem Rechelkopf, lag einst das »Alpentor« des Isartalgletschers: Genau hier quetschten sich die Eismassen, 1 Kilometer dick, durch das Isartal hinaus ins flache Alpenvorland, um dort zu schmelzen.

Lenas Extra-Tipp

Der familienfreundliche Gasthof »Altwirt« zu Wackersberg ist ein Muss, besonders wegen des lauschigen Biergartens mit dem urigen kleinen Spielplatz. Dort kann man sich auf kulinarische Art an der fiesen Nixe und ihrer Gefolgschaft rächen: am Freitag gibt es ab 16 Uhr Steckerlfisch! Und wer es bis auf den Blomberg schafft, kann sich natürlich im dortigen Berggasthof »Blomberghaus« eine Erfrischung gönnen.

AUSFLUG 18

Wie die Feuerteufel das »Angstloch« erzeugten

Ein schattiger Spaziergang zwischen zwei Schlossteichen und einer romantischen Ruine mit dem »Angstloch« – dennoch selbst für Burgfräulein auf dem Laufrad und Ritter in Windeln geeignet.

Tour: Leichter Rundweg, kinderwagentauglich (bis kurz vor der Ruine Hohenburg), Bademöglichkeit (Freibad »Isarwelle«), Spielplatz

Route: Lenggries, St. Ursula-Schulen – Alter Schlossteich – Ruine Hohenburg – Gutshof mit neuem Schlossteich – Lenggries, St. Ursula-Schulen

Länge: 2,5 Kilometer

Anfahrt: Gute Zug- und Busverbindung nach Lenggries zur Haltestelle Hohenburg. Für mehr »Auslauf« einfach schon im Ort starten.

Start- / Zielpunkt: Wanderparkplatz/Bushaltestelle Hohenburgstraße, 83661 Lenggries, Ortsteil Anger

Fehlen nur noch fliegende Besen und Eulen: Die St. Ursula-Schulen im Schloss von hinten

Diese Tour zum ehemaligen Herrschaftszentrum des Isarwinkels beginnt direkt am Wanderparkplatz mit der Bushaltestelle. Einmal die Straße sowie das Hirschbach-Brückerl überqueren und schon geht's hinein ins Vergnügen! Wir biegen erst einmal links ab. Armdicke Wurzeln auf dem schattigen Waldboden laden zum Kraxeln ein und lassen Wichtel gar nicht erst merken, wie viel Strecke sie eigentlich zurücklegen.[56]

Schon vom Parkplatz aus können wir sie erahnen und nach ein paar Kurven am Waldrand entlang sehen wir sie in voller Pracht durch die Fichten blitzen: die »neue« Hohenburg (sie hat immerhin auch schon über 300 Jahre auf dem Buckel). Nach dem Zweiten Weltkrieg diente Schloss Hohenburg als Lazarett, seit 1953 pauken hier die Mädchen der Erzbischöflichen St.-Ursula-Schulen (Gymnasium und Realschule). Ein bisserl erinnert die Schul-Burg schon an Harry Potters Hogwarts, oder? Besonders von der Rückseite aus, durch den dunklen Wald betrachtet. Und wie bei »Harry Potter und der Orden des Phönix« ging es auch hier einst ganz schön feurig zu!

---

56 Lena hat diese Tour mit ALLEN VIER KINDERN GLEICHZEITIG gemacht, und sogar der Dreijährige meisterte die abwechslungsreiche Strecke bravourös ganz allein. Am Ende war nur der Kindsvater völlig fertig, weil er immer allen in verschiedenen Richtungen hinterherrennen musste – Lena war ja mit Notizen und Fotosschießen beschäftigt …

Feuer und Wasser: Der Untergang der Hohenburg

Schon vor fast 1000 Jahren thronte auf dem kleinen Felsplateau mit dem prima Ausblick eine wehrhafte kleine Burg. Erst war sie aus Holz, um das Jahr 1200 herum baute man sie aus Stein. Anfangs gehörte sie den Herren von Thann, dann folgte ein rascher Besitzerwechsel: die Herren von Tölz, die Wittelsbacher, die Herren von Egling, die Herren von Maxlrain, das Haus Schellenberg. Jeder neue Burgherr ließ die Anlage weiter befestigen und verstärken. Schließlich verkauften die Schellenbergs die mittlerweile stattliche Burg 1566 an die Augsburger Patrizierfamilie Hörwarth. Diese bauten die Wehrburg, da es keine großen politischen Bedrohungen mehr zu geben schien, zu einer gefälligeren, hübschen Schloss-Burg aus, in der man bequem repräsentieren und wohnen konnte. Man war weit genug entfernt vom sumpfigen und überschwemmungsgefährdeten Talboden. Das aber sollte sich eines Tages rächen, und zwar am 21. Juli 1707. Im Zug des Spanischen Erbfolgekriegs waren auf der Hohenburg österreichische Husaren untergebracht. Sie schliefen im Rittersaal, der ausgerechnet am Morgen ihrer Abreise in Flammen aufging. Die Husaren hatten da schon gepackt und verließen das brennende Gemäuer einfach. In seinem Brandbericht an den Grafen schrieb Richter Mayr, die Husaren hätten die Burg ruhig verlassen, beim Weiher gelagert und dem Feuer »hohnlachend« zugesehen. Das bestritt der befehlshabende Leutnant. Vielmehr sei der Kamin so schlecht gereinigt gewesen, dass das Feuer dort ganz von selbst ausgebrochen sei. Der Volksmund dagegen machte schnell eine ganz andere Schuldige für den Brand der Hohenburg aus: Während des Brandes soll aus dem großen Saal eine überirdisch schöne Stimme zu hören gewesen sein. Viele Lenggrieser, die bei der Rettung von wichtigen Dokumenten halfen, hörten den Gesang. Sie waren hinterher überzeugt, dass es sich um niemand anderen als das Tutli-Pfeiferl – also die Isarnixe – gehandelt habe. Die Nixe sei neidisch gewesen, dass sich die Menschen weitab ihres nassen Reichs so eine schöne Wohnstatt geschaffen hätten.

(Nacherzählt von Lena Havek)

Ob man das eingestürzte Gemäuer noch retten konnte? Die Anlage hatte immerhin auch schon über 500 Jahre auf dem Buckel und war nicht mehr besonders zeitgemäß …[57] Einen »warmen« Abriss nennt man so etwas heutzutage. Burgherr Ferdinand Joseph Hörwarth von Hohenburg machte aus der Not eine Tugend und ließ sein Schloss 300 Meter weiter unterhalb der alten Stelle ganz neu errichten, und zwar auf dem ehemaligen Gemüseacker der Burg. In diesem Neubau wiederum ackern heute die Schülerinnen von St. Ursula. Aber wir haben zum Glück frei und gehen lieber hinauf zu den Resten der *richtigen* Hohenburg!

Von der Ruine Hohenburg, zu der wir über einen abenteuerlichen, aber gut ausgeschilderten Waldweg hinaufsteigen, steht heute nur noch ein Mauerrest und der Stumpf des Bergfrieds. Dort, wo sich einst das Verlies befand, geht es recht gewaltig in die Tiefe: Uaaah! Das »Angstloch« hatte seinen Namen weg. Laut Sage soll es an seinem Grund sogar einen Geheimgang geben, der unter der Isar

[57] Eine andere Erklärung für den Untergang der Hohenburger Ritter war, dass sie zu viel von ihrem selbst angebauten Wein getrunken hätten. Die Ironie der Geschichte will es, dass die Hohenburg heute wieder ganz an der Speerspitze der Moderne steht: Sie wurde zwischen 2004 und 2006 als erste bayerische Burg überhaupt komplett digital vermessen.

Ruine Hohenburg im Nebel

hindurch zur am anderen Ufer gelegenen Schellenburg nordwestlich von Wegscheid führt ... Das Klettern auf der einsturzgefährdeten Ruine wird nicht empfohlen, deshalb haben wir für euch per Drohne einen Blick ins Angstloch geworfen.

Der Standort hat sich im 11. Jahrhundert angeboten, weil sich die Burg mit der steilen Felswand auf der Rückseite supergut verteidigen ließ. Und auch heute noch wird sie beschützt: Auf dem Weg hinauf lauert ein Drache. Der erwacht allerdings nur beim Anrücken ernsthafter Bedrohungen aus seiner Schockstarre. Von ritterlichen Wichteln lässt er sich sogar reiten.

Wirklich zum Fürchten: Das Angstloch

Drachenritter Johann in Aktion

Friedlicher wird es, wenn wir um den Burghügel herum weiter zum »neuen« Schlossteich gehen. Denn heute ist der einst so wehrhafte Ort ein sonniger Himbeerhügel. Auf der anderen Seite des Wegs, direkt am Zaun zum Gutshofpark, ranken dagegen wilde Brombeeren. Pflücken erlaubt!

Extra-Tour

Am nordöstlichen Ufer des alten Schlossteiches ragt ein Steg in den See. Gleich dahinter beginnt steil-steinig der »Maximiliansweg« auf den Geierstein (1491 Meter), bei dem man die ersten paar 100 Meter linker Hand von einem privat angelegten MTB-Trail begleitet wird. Weil auf dem Weg keine bewirtschaftete Alm liegt, ist der Geierstein relativ wenig besucht, bietet aber dennoch eine großartige Aussicht bis zum Starnberger See. Bis zum Gipfel geht man durch dichten Märchenwald mit oft rutschig-feuchtem Wurzelboden. Eine mittelschwere Bergtour für trittfeste Waldelfen mit guter Oberschenkelmuskulatur. Oft wird der Geierstein auch Geigerstein genannt. Und natürlich gibt es für beide Namen auch je eine sagenhafte Erklärung, die wir euch in ihrer knappen Direktheit nicht vorenthalten wollen:

Wie der Geierstein zu seinem Namen kam (I)

Einst lebte auf dem Gipfel des Berges ein tierlieber alter Einsiedler. Er sprach mit den Vögeln, Hirschen und Hasen und predigte ihnen von Gottes Schöpfung. Da er selbst nur wenig zum Leben brauchte, teilte er sein Essen mit seinen gefiederten und vierbeinigen Freunden und kümmerte sich um all ihre kleinen Wehwehchen. Sie vertrauten ihm und kamen gerne zu ihm, um sich von ihm streicheln zu lassen und ihm zuzuhören.[58] Die Tiere und der alte Mann hatten eine wirklich gute Zeit da oben auf dem Berg. Eines Tages kam allerdings ein Geier, der nichts von der Freundschaft zwischen Mensch und Tier wusste. Er pickte dem Einsiedler die Augen aus. Ende.

Und jetzt die zweite Variante, ebenfalls zitiert nach Gisela Schinzel-Penth und Willibald Schmidt:

58 Eine interessante Parallele zur Geschichte vom Heiligen Franz von Assisi. Vielleicht ist die ganze Sage eine bäuerliche Umdeutung dieser Erzählung, welche die Lenggrieser vielleicht einmal von einem Wanderprediger gehört haben mochten.

Wie der Geigerstein zu seinem Namen kam (II)

Vor langer Zeit lebte in Lenggries eine arme Witwe mit einem sehr musikbegabten Sohn. Da sie aber kaum wusste, wie sie sich beide überhaupt ernähren sollte, konnte sie ihm keine Ausbildung oder gar ein eigenes Instrument bezahlen. Sie schickte ihn ins ferne Italien. Dort, hoffte sie, sollte er sein Glück finden. Jahre später kam er tatsächlich als berühmter, reicher Geiger zurück nach Lenggries und wollte seiner alten Mutter eine Freude machen: Er stieg mit seiner Geige auf den damals noch namenlosen Berg und gab von der Felswand herunter ein Konzert für alle Menschen und Tiere im Tal. So viel Glück und Schönheit konnte der Teufel nicht ertragen und gab dem in sein Spiel vertieften Geiger einen Schubs. Ende.

An diesen beiden Sagen kann man gut den Unterschied zum Märchen erkennen: Während Märchen eine längere, oft episch ausgeschmückte Geschichte erzählen, kreist die Sage um eine zentrale Frage oder ein Ereignis, das sie pointiert zusammenfasst. Sagen, das »Weitergesagte«, sind nichts anderes als die mündlich überlieferten News unserer Vorfahren: Hey, hast du schon gehört, warum da drüben neulich die Burg abgebrannt ist? Weißt du eigentlich, wieso der Berg hier so heißt? Sagen sind die Schlagzeilen aus der Vergangenheit.

Lenas Tipp

Wer vom Thema Burg noch nicht genug hat, kann seinen Tag ritterlich in einer der alten Lenggrieser Gaststätten ausklingen lassen: Der Gasthof »Altwirt« beziehungsweise »Oidwirt« zum Beispiel stammt von 1469 und war damals im Besitz der Herren von Hohenburg. Noch nicht ausgelastete Jungritter trainieren auf den Kletterburgen am Spielplatz Kyreinweg für ihr nächstes Turnier. Unter den alten Bäumen lässt sich auch prima picknicken. Im Heimatmuseum (Rathausplatz 2) gibt es eine Dauerausstellung inklusive 3D-Rekonstruktion und simuliertem Überflug, der Förderverein Burgruine Hohenburg stellt immer wieder interessante Veranstaltungen auf die Beine. Besonders am 21. Juli jeden Jahres werden sie aktiv, denn dann jährt sich der große Brand der Burg.

Lenas Extra-Tipp

Wohliger Grusel mit makabrer Note: Das Tiermuseum (Bergweg 12) mit über 3000 ausgestopften Tieren ist äußerst lehrreich, aber womöglich nichts für zartbesaitete Waldfeen und andere Pflanzenköstler. Zum Zeitpunkt der Drucklegung befand sich das Museum leider auf unbefristete Zeit in Betriebsruhe. Wer sich aber traut, kann trotzdem schon mal in die Schaufenster lugen und vielleicht einen Original-Wolpertinger erblicken!

AUSFLUG 19

Ritter, Riesen, Marionetten und Malereien – Bad Tölz

Ein Ortsspaziergang von der Höhe bis ins tiefste Bad Tölz. Er führt zu Lüftlmalereien, süßen Holzprügeln, folgt den Spuren Thomas Manns und des Bullen auf der Suche nach den Legenden des pittoresken Isarstädtchens.

Tour: Schwierigkeitsgrad ganz einfach und mit Ausnahme des Kalvarienbergs bestens kinderwagentauglich

Route: Ortsrundgang Bad Tölz

Dauer: 2,5 bis 3 Stunden mit vielerlei Möglichkeiten zur Einkehr und zum Verweilen

Anfahrt / Parken: Von der B11 aus Bairawies kommend bestehen Parkmöglichkeiten am Waldfriedhof außerhalb der Ortschaft.

Startpunkt: Isarbrücke am Beginn der Marktstraße

Andreas weiß nicht, wie es euch geht, aber er erläuft sich gerne eine Ortschaft und deshalb beginnen wir diesen Ausflug nach Bad Tölz ein Stück außerhalb am beschaulichen Waldfriedhof und spazieren gut ausgeschildert über satte Wiesen an Kälbern vorbei der Isar entgegen und nähern uns von der Hangseite der beliebten Gemeinde. Wenn durch die Wälder das grüne Wasser erkennbar wird und man im Sommer Kinderlachen beim Isarplantschen hört, ist man richtig und steigt den Le-Feubure-Steig hinab an den Fluss, wo praktischerweise sogleich ein geräumiger Spielplatz mit Seilgewirr und Rundschaukel zu einer Pause lädt.

Linker Hand geht's zur Isarbrücke vorbei am Johannes Nepomuk, dem Brückenheiligen, und einem protzigen Findling – beides beliebte Fotomotive. Schon stehen wir an der Ecke zur Marktstraße mit dem reich bemalten Marienstift und dem Sitz des »Tölzer Kurier« samt Wappen der Buchdrucker aus dem 15. Jahrhundert.

Blick auf die Isarperle Bad Tölz

Spiel- und Verweilort an der Isar

Ab hier hat sich der Ort schick gemacht. Unter dem Einfluss von dem aufgrund seiner Vorliebe für Doppelgiebel liebevoll »Giebel-Gabi« genannten Architekten Gabriel von Seidl hat sich um 1900 der Ort für die Sommerfrische barock gebürstet, gebaut und geschminkt. Die komplette Marktstraße ist mit Prachtfassaden, Schmuckgiebeln und Lüftlmalereien verblendet. An den Hauswänden kann man sein Bibelwissen reaktivieren, einen hohen zweistelligen Bereich an diversen Heiligen identifizieren und die Wimmelbilder bestaunen. Besonders schön ist das Ensemble aus Moralthaus (Marktstraße 57) und dem Stadtmuseum vis à vis anzuschauen. Zuvor aber gibt es Prügel.

Der verehrte Leser kann versichert sein, dass er bei diesem genussvollen Spaziergang nicht verprügelt wird, aber im besten Falle fünferlei Prügel in die Hand kriegt. Denn die Lokalspezialitäten von Konditormeister Erwin Schuler gehören als Wegzehrung einfach

Giebeltraum im Altstadtkern

dazu. Den Baumstämmen nachempfunden, die durch die Flößerei in der Isar gen München geschickt wurden, toppen diese süßen Versuchungen jede längste Praline der Welt. Den kleinen Genießern seien eher die Geschmacksrichtungen Vollmilch und Edelbitter empfohlen, während sich die Eltern mit Cognac, Whiskey und Rum gleich dreifach anflascheln können. Heimatdichter Karl Stieler hat ihnen folgende Verse gewidmet und warum nicht im Chor mit Schokofingern hier ein wenig Dialekttraining betreiben:

Der Tölzer Prügel

Die starken Schnittbaam von 7 Fuaß
Die hoaßt ma Tölzer Prügel,
So hoaßt ma aa die Tölzer Buab'n
Dös is a zacher Zügel.

Auswendi san's a bisl grob.
Aber guats Holz steckt drinna!
Und wer fest hinschaugt, kunnt auf d'Letzt
A Häufi Gold drinn finna.

S'is über's Sach und über'd Leut
Wohl d'Moanung oft verschieden,
Wer aber den g'winnt, der is g'wiß
Mit'n Tölzer Prügel z'frieden.
Karl Stieler

Ensemble des Brandner Kaspars

Überliefert ist das Triften von Holzstämmen von Tölz bis München bis ins Jahr 1868. Dafür brauchte es prügelstarke Mannsbilder. Diese braven Tölzer Buben haben zudem oftmals unentgeltlich Klein- und Brennholz mitgenommen und der armen Münchner Bevölkerung geschenkt, was dem Ruf der Tölzer Prügel nicht geschadet hat.

Frisch gestärkt wollen wir Tölz bergauf erkunden, wie es einst Thomas Mann von seiner nahe gelegenen Sommerresidenz aus tat. Oder wir lösen auf den Spuren des sicherlich prügelaffinen »Bullen von Tölz« so mancherlei Sagenrätsel, die durchaus mit Mord und Totschlag aufwarten können. Aber der Reihe nach. Denn wer Zeit und eine Reservierung eingeplant hat, dem sei das kulturelle Zentrum am Schloßplatz empfohlen: Seit über 110 Jahren hat dort das Marionettentheater seinen festen Platz im Herzen der Stadt.

Puppenspieler Karl-Heinz Bille ist der Herr von über 1200 Marionetten, die in Grimm'schen Märchen, Opern und Volksstücken an seidenen Fäden gezogen auftreten. Vom Kasperl bis zum Kaspar Brandner hängen alle hinter der kleinen Bühne mit drei Spielbrücken, bevor sie von Geister- oder Puppenspielerhand zum Leben erweckt werden. Neuere Figuren kommen aus dem 3D-Drucker und erleben gar Weltraumabenteuer vor Projektionen. Puppenspiel 2.0 sozusagen und mit Sicherheit für Jung und Alt bei moderaten Eintrittspreisen ein Highlight; ebenso wie das angrenzende Planetarium zur Sternenschau in gemauerter Kuppel.

Wieder draußen am Schloßplatz erinnert leider wenig an den Standort des alten Schlosses und das hat auch seinen geisterhaften Grund. Neugierig?

Der Geist des garstigen Grafen von Waal

Zur Geisterstunde erscheint auf dem »Freithof« beizeiten der schwarze Riese von Tölz, der aus einem geöffneten Grab entsteigt und nun einen Ruheplatz sucht. Die goldenen Knöpfe seines bodenlangen Mantels schimmern im Mondenlicht. Hält man seinem Blick nicht stand, so wächst er weiter, bis man ihn wieder ansieht. »Wo kann ich heute Nacht nur bleiben?«, fragt der bedrohliche Riese und sieht sich auf dem Gräberfeld um. An dieser Stelle sei es empfohlen, schnellstmöglich zu fliehen und den Riesen seine Bleibe alleine suchen zu lassen.

Man sagt, es sei der riesenhafte Geist des Grafen von der Waal, des Pflegers des ehemaligen Schlosses von Tölz. Der hochmütige, ungläubige Leutschinder versagte seinem Gesinde gar am Feiertag den Kirchgang und verachtete den Klang der Glocken. Am Maria Achttag geschah es schließlich, dass des Nachts bei Donner und Blitz der Ellbach über die Ufer trat, der Eglsee überging und den Tölzer Schlossberg unterschwemmte, sodass das Schloss samt seinem Bewohner, dem hochmütigen und hochgewachsenen Pfleger von der Waal, einstürzte und ihn begrub. Seither geht er als schwarzer Riese von Tölz auf der Suche nach einer Bettstatt um.

(Andreas M. Bräu)

Maria-Himmelfahrt-Kirche

Man lernt: Ehre den Feiertag und freu dich über Glockengeläut! Letzteres führt uns hinab zur Pfarrkirche Maria Himmelfahrt, die sich seit ihren Anfängen als Burgkircherl »Kapella Tölnz« aus dem Jahr 1262 ganz schön herausgemacht hat. Während das Schloss verschwand, prangt hier eine stattliche Hallenkirche mit beeindruckendem Hochaltar und einem versteckten, letzten Ritter, den es zu suchen gilt. Links hinter dem Hauptaltar steht imposant und lebensgroß in rotem Marmor der berüchtigte Kaspar III. Winzerer (schon der dritte Kaspar!), der 1542 verstarb, nachdem er Franzosen und Türken besiegt hatte. Deshalb widmete man dem »letzten Ritter« und Pfleger von Tölz gleich noch ein martialisches Denkmal vor dem Stadtmuseum.

Doch statt noch mehr Kriegsgeschichten gönnen wir uns lieber ein Eis in der Gelateria »Garda« oder kehren ein in einem der vielen Brauereigasthäuser im Ort. Günstig und gut und gemütlich sitzt man beispielsweise beim »Kolberbräu«.

Den Riesenfriedhof gibt es auf der anderen Isarseite zwar nimmer, doch jetzt sind hier die Tölzer Jahreskrippen in älteren und ganz aktuellen Versionen vor der Franziskanerkirche kostenfrei von

Blick hinauf zum Kalvarienberg mit Leonhardikapelle und Kreuzkirche

8 bis 18 Uhr zu besichtigen. Bei der prächtigen Jahreskrippe wurde die Szenerie gleich ins Tölzerische, also quasi nach »Bad Bethlehem« verlagert oder mit unbearbeiteten Isarkieseln nachgestellt. Hübsch anzusehen. Danach gibt es eine Bade- oder Kneipppause an der Isar, die geschwind und schön an uns vorbeifließt.

Heilige Stiege in hölzerner Kopie

Was fehlt noch auf unserem Ausflug, nach Riesen, Rittern, Puppen und Malereien? Genau, ein Panorama – und das schönste findet sich auf dem Gipfel des Kalvarienberges, den wir als leichten Wadeltratzer den Kreuzweg entlang auf dem Rückweg noch mitnehmen wollen. Von oben sieht man nicht nur ganz Tölz, sondern bis zu Benediktenwand, Eiskarlspitze und Fockenstein.

In der Kreuzkirche steht eine Kopie der heiligen Stiege aus Rom, auf der einst Jesus vor Pilatus gestanden haben soll. Gläubige erklimmen bis zum heutigen Tag kniend und betend die 28 Stufen. Oben wartet der Ecce homo und ein recht gruseliges, aber mit Gold verbrämtes Skelett.

Sodala. Waren das genug Riesen und Ritter? Ist noch ein Prügel in der Tasche? Vielleicht als Wegzeh-

Andi vor Kalvarienberg

rung, wenn wir zum Ellbach auf schattigem Pfad wieder zurück zum Waldfriedhof wandern oder einfach noch den Blick auf Tölz genießen, den nicht nur der Bulle, sondern auch Thomas Mann schon schätzten.

Andis Tipp

Wer sich genauer mit Mann in Tölz beschäftigen möchte, darf den multimedialen Themenweg abspazieren. Eine Station befindet sich direkt am Kalvarienberg. Via QR-Code kann man seine Route planen und sich anhand von hübsch gestalteten Schautafeln mit Zitaten aus aufgeschlagenen Büchern mit der Zeit Thomas Manns in seiner Sommerresidenz in Tölz beschäftigen.

AUSFLUG 20

Ein Spaziergang zu den Moorwichteln

Eine flache Runde vom Naturfreibad Eichmühle durchs Ellbacher Moor und zurück: Selbst Schwimmwindel-Wichtel sollten hier wenigstens mal die Zehen ins dunkle Nass strecken können. Wer noch nicht genug Wasserkontakt hatte, steuert hinterher noch den moorigen Kirchsee an (seit 2008 sogar ein offizielles EU-Badegewässer). Doch bei welchem Wetter auch immer wir diese Tour starten – im Moor ist man niemals wirklich allein. Wer's gruselig mag, wartet auf wabernde Herbstnebel …

Tour: Einfacher Rundweg, kinderwagentauglich, Freibad mit Spielplatz (Bonus-Tour: Badesee)

Route: Bad Tölz/Eichmühle – Naturschutzgebiet Ellbacher- und Kirchseemoor – Ellbach – Röcklkapelle – Bad Tölz/Eichmühle

Länge: 6 Kilometer, nicht ganz 90 Höhenmeter

Anfahrt / Parken: Am Naturfreibad Eichmühle stehen viele Parkplätze zur Verfügung. Vom Bahnhof Bad Tölz ist es nur 500 Meter entfernt. Sachsenkam bzw. Kloster Reutberg als Ziel für besonders Wanderlustige haben eine gute Anbindung an den ÖPNV.

Start- / Zielpunkt: Naturfreibad Eichmühle, Eichmühlstraße, 83646 Bad Tölz

Der Landkreis Bad Tölz ist reich! Und zwar auch *unter* der Erde. Außerhalb der Stadttore, ringsherum, liegt der Reichtum sozusagen einfach herum: Denn das Moor ist stets nur einen Spatenstich entfernt. 30 Kilometer lang, fast lückenlos, schließt sich die »Tölzer Moorachse« vom Kochelsee bis nach Deining wie ein riesiges Hufeisen um die Flößerstadt. Auf ganze elf Prozent Moorbodenanteil bringt es der Landkreis, das ist deutschlandweit ziemlicher Rekord. Wer vom Wanderweg abweicht, kann leicht mal versumpfen. Und sobald wir uns am Freibad Eichmühle nach Nordosten wenden und den ersten Kilometer entlang der Bahnstrecke hinter uns gebracht haben, sind wir auch schon mittendrin. An der Fischfarm Sappl[59] am Obermühlberg gibt es einen kleinen Anstieg, wir machen eine 90-Grad-Linkskurve und queren den Ellbach, der diesem Moor seinen Namen gibt.

Moor bindet eine Menge Energie, getrocknet wurde es als Torf zum Heizen verwendet. Gesund ist es auch, für Haut und Haar. Was kann man heute damit machen? Tatsächlich nicht mehr so viel – die sumpfigen Moorwiesen stehen fast alle unter Naturschutz, und das völlig zu Recht. Zum Glück wurde die große Bedeutung der Moore als Biosphärenreservate und Wasserspeicher in der zweiten Hälfte des 20. Jahrhunderts wieder erkannt. Seit einigen Jahrzehnten gibt es Anstrengungen, die teils schon ausgetrockneten Moore wieder zu »vernässen«.[60]

Denn davon haben alle was, Natur und Mensch. Von interessanten Tieren und Pflanzen wimmelt es hier nur so. Vielleicht entdeckt ihr bei eurer Wanderung einen hellblau-türkisfarbenen Schmetterling mit gelb und schwarz gepunkteten Flügelrändern? Das ist der Argus-Bläuling, Schmetterling des Jahres 2008. Seine Raupen »tarnen« sich

---

59 Räucherforellen, Saiblingsfilets und anderes gibt's bei einigen Gasthäusern der Umgebung und auch direkt im Hofladen. Geöffnet Donnerstag bis Samstag, 9 bis 17 Uhr.

60 Erst 2014 wurden zum Beispiel die Entwässerungsgräben im Sonnenhofer Filz bei Königsdorf verschlossen, damit sich die einzigartige Flora und Fauna wieder erholen kann.

Sonnentau

Argus-Bläuling

als Ameiseneier und lassen sich in die Ameisennester hineintragen, um sich dort in Ruhe zu verpuppen und ein warmes Plätzchen für den Winter zu haben. Cleverer Schachzug der Evolution. Oder der Sonnentau: Nicht anfassen, diese Pflanze frisst Fleisch![61]

Ein bisschen gruselig ist das ja schon. Genauso wie die Sagen rund ums Moor. Denn das Moor ist nicht nur schwer zu durchqueren – wer jemals mit oder ohne Gummistiefel in so einem »bazigen« Wasserlauf stecken geblieben ist, kennt das Phänomen –, sondern auch voller uralter Schätze aus grauer Vorzeit, die sich hier unter Ausschluss von Luft und Licht bestens erhalten. Was das für Schätze sind? Das reicht von der Mooreiche (für Möbel) bis zur Moorleiche (für Museen). Den vielleicht häufigsten Schatz kann man aber nicht anfassen: Phosphorwasserstoff, ein Gas. Wenn Phosphorwasserstoff aus dem Moor nach oben blubbert und dort auf Sauerstoff trifft, kann er sich entzünden. Dann brennt wortwörtlich die Luft! Dies könnte eine mögliche Erklärung für die Irrlichter sein, die bis heute immer wieder rund um die Tölzer Moore gesichtet werden. Aus dem Moorwasser kommen allerdings auch allerlei andere Schaudergestalten:

---

61 Zwar zum Glück lieber Insekten als deinen Finger, aber dieses spektakuläre Schauspiel sollte man trotzdem nicht stören. Der Sonnentau wächst gern auf dem nährstoffarmen Moorboden, weil er hier Ruhe und Platz hat. Die mangelnde Nahrungszufuhr über die Wurzeln muss er jedoch ergänzen und sich hin und wieder etwas Leckeres aus der Luft schnappen.

Das Moorweiblein vom Lettenweiher

Immer wieder wurde sie an Herbstabenden von Passanten gesehen, mitten im Lettenweiher: eine Frauenfigur! Bis zu den Knien steht sie im Wasser, obwohl das eigentlich schon zu kalt zum Baden ist. Niemand kennt sie. Was sie für Kleidung trägt, lässt sich schlecht erkennen: Sie ist von Nebelfetzen umwallt. Nur ihr Strohhut, der ist deutlich zu sehen. Gerade so als käme sie von einem anstrengenden, langen Tag auf dem Feld und würde jetzt Abkühlung suchen. Eigentlich ist sie nicht furchterweckend. Sie ist unbewaffnet, kommt nicht näher, greift nicht an, nimmt überhaupt keinerlei Kontakt zu den Vorübergehenden auf. Es lässt sich nicht einmal erkennen, ob sie lächelt oder traurig ist. Sie steht einfach nur mit ihrem Strohhut auf dem Kopf im Wasser, als würde sie auf etwas warten. Und tatsächlich tut sie das auch. Denn das Moorweiblein taucht vor allem bei Gewitterstimmung auf, wenn die Wetterlage schlagartig umschwenkt und dunkle Sturmwolken aus dem Norden heranrasen: die Wilde Jagd! Kriegsgott Wodan mit seinem Gefolge aus toten Kriegern, Ziegenböcken und ungetauften Kinderseelen stürzt sich dann ausgerechnet auf die Frau mit Hut im Lettenweiher, zieht sie mit hinauf und zerreißt sie in der Luft. Dann klingt der Sturm langsam wieder ab – doch das Moorweiblein bleibt verschwunden. Bis zum nächsten stürmischen Herbstabend …

(Nach Gisela Schinzel-Penth, Willibald Schmidt und anderen)

Die Ärmste! Das Ergreifendste ist, dass das Martyrium des Moosweibleins immer wieder von vorne beginnt. Bei jedem aufziehenden Herbststurm steht sie im Weiher bereit, um sich zu opfern …

Tiefenpsychologisch lässt sich da allerlei Spannendes hineininterpretieren. Der aussichtslose Kampf der unbewaffneten, weiblichen Naturgottheit gegen die Übermacht der patriarchalen Eroberer. Oder auch: Friedliebendes Voralpenvolk gegen kampfeslustige Germanen, die ab dem 5. Jahrhundert ganz real mit Feuer und Schwert in Oberbayern einfielen. Sie kamen aus dem Norden und brachten ihren »Luftgott« Wotan mit. Aus diesem Komplex hat sich eine der Kernsagen der Alpen überhaupt ergeben: die von der »Wilden Jagd« oder »Wotans Heer«. Unzählige Geschichten und teils heute noch aktuelle, konkrete Handlungsgebote[62] ranken sich um die fliegende Bedrohung aus dem Norden. Doch auf regionaler Ebene sind die Spuren dieser traumatischen Erinnerung in der Sage vom Moorweiblein erhalten geblieben.

Solch abschreckende Geschichten wie die vom Moorweiblein oder den Irrlichtern haben immer auch eine erzieherische Funktion: Welches Kind traut sich schon allein zum Spielen ins Moor oder an den Weiher, wenn es dort auf solche Gruselgestalten treffen könnte?[63] Manche Erwachsenen mussten sich aber ins Moor begeben, um dort Torf zu stechen oder entlaufene Tiere zu suchen. Guckt mal Richtung Westen zum Sonnenhofer Filz, dem nächsten großen Moor auf der anderen Seite der Isar: 1780 siedelten sich

---

[62] So soll man beispielsweise in der Zeit »zwischen den Jahren« von Weihnachten bis Heilig Drei König keine Wäsche waschen und schon gar nicht vor dem Haus zum Trocken aufhängen, weil sonst die »Wilde Jagd« durchsaust und die Laken im neuen Jahr als Leichentuch zurückbringt. Uaaah! Gut, dass die meisten Haushalte inzwischen über einen Trockner verfügen.

[63] Der Lettenweiher lag übrigens am Lettenholz, wo heute anstelle des einstigen Waldes große Wohnblöcke aus den 1950er-Jahren stehen. Auch die Form des einstigen Weihers hat sich stark verändert: Er bildete sozusagen die »Grundlage« für das Naturfreibad Eichmühle! Wer die Tour an einem nebligen Herbstabend unternimmt, kann ja mal durch den Zaun des Freibads lugen … Wer weiß, vielleicht kneippt das unglückliche Moorweiblein dort noch heute.

dort vier Familien aus der Oberpfalz an, mitten im »Baaz«. Die Urenkel warfen das Handtuch und verlegten drei der Höfe 1850 nach Königsdorf. Bloß eine Familie harrte noch 100 weitere Jahre auf dem feuchten Fleckerl aus, bis der letzte Erbe 1953 auszog. Eine Tafel am Mühlbach bei Königsdorf (der nicht ohne Grund auch den Namen »Wenigbach« trägt) erinnert an das harte Leben dieser Moosbewohner.

Kurz hinter der wunderhübschen Röckl-Kapelle von 1920 (ein prima Zufluchtsort auch bei Regen) führt uns die Strecke leider ein Stückerl weit parallel zur viel befahrenen Tölzer Straße – Achtung also! Doch nach gut 200 Metern zweigt schon wieder ein angenehmer Fußweg ab, der uns nach 1 Kilometer wieder zurück zum Ausgangspunkt bringt. So, hier wäre die Runde für kleine Moorwichtel schon beendet! Bei gutem Wetter heißt es jetzt ab ins Naturfreibad Eich-

Panoramablick von der Röckl-Kapelle

mühle, im Wasser nach dem Moorweiblein suchen.

Doch natürlich haben wir noch eine weitere Sage auf Lager, falls jemand noch weiter versumpfen möchte und vielleicht noch den Kirchsee bei Sachsenkam besucht: Das Dorf Sachsenkam ist nämlich auch mal untergegangen. Ganz ähnlich wie das Dorf Fall im Sylvensteinspeicher, aber nostalgischer. Interessant ist hierbei, dass Willibald Schmidt diese Sage bereits Anfang der 1930er-Jahre aufzeichnete, also über 20 Jahre *vor* dem Bau des Sylvensteinspeichers. Hatten die Isarwinkler damals etwa schon eine Vorahnung von den Überflutungen, die ihre Region einmal dauerhaft verändern würden? Wobei der Sylvensteinspeicher zwar ein Dorf »kostete«, dafür aber über die Jahrzehnte hinweg bis heute vermutlich einige Leben rettete. Selbst das Hochwasser vom Juli 2021, das vor allem in Nordrhein-Westfalen und Rheinland-Pfalz viele Tote forderte, ließ die Isar ziemlich kalt: Über den Sylvenstein und das Krüner Wehr war es möglich, die Abflussmenge einigermaßen zu bewältigen.

Rutschngaudi im Freibad Eichmühle

Vielleicht kostet es zuerst ein wenig Überwindung, in das undurchsichtig dunkle Wasser des Kirchsees zu steigen. Doch es ist relativ warm und fühlt sich auf der Haut wie Seide an. Wenigstens mit den Füßen ausprobieren!

Das versunkene Sachsenkam

In alter Zeit haben auf der Burg in Sachsenkam böse Herren regiert. Ein richtiges Raubgesindel ist das gewesen. Überhaupt haben die Leute dort recht lasterhaft gelebt. Deswegen ist der ganze Ort im See versunken. Auch die drei Fräulein sollen dort eine Burg, eine Kirche und Häuser gehabt haben. Manchmal hat schon einer im See die Mauertrümmer und die Spitze vom Kirchturm gesehen.

(Willibald Schmidt, 1936)

Romantischer Kirchsee

Extra-Tour

Eine große Westkurve führt uns vom Freibad Eichmühle nach Königsdorf, durchs frisch wieder renaturierte Sonnenhofer Filz und an der Brücke über den Zeller Mühlbach vorbei am Gedenktaferl für die armen vier Oberpfälzer Familien, denen es hier einst ziemlich schlecht erging.

Lenas Tipp

Direkt auf dem Weg liegt der Schützenwirt »Ellbach« – hier gibt's montags und dienstags sogar original afrikanische Schmankerl, zubereitet vom Chef Ousman himself. Wer es bis zum Kirchsee geschafft hat und sich nicht nur von außen, sondern auch von innen befeuchten möchte, ist in der Klosterbrauerei »Reutberg« gut aufgehoben. Vom Biergarten auf der Gästeterrasse geht der Blick übers Moor hinaus zurück in die Berge des Isarwinkels – und einen Spielplatz gibt es auch.

Lenas Extra-Tipp

Das Wetter hat nicht gepasst für den Badetrip? Das große Matschepampen-Vergnügen à la Moorsee kann man sich auch in die heimische Badewanne holen. Die Moorspritzer sind super für die Haut und erhöhen die akute Putzmotivation, wenn das Badezimmer sowieso mal wieder gereinigt gehört hätte. Die schwarze Moorseife der Firma Panradl aus Bad Aibling beispielsweise überzeugt auch Nichtschwimmer-Wichtel: Saubermachen mit *Dreck*!

Autoren

Andreas M. Bräu, gebürtiger Partenkirchner, arbeitet seit über 15 Jahren als freischaffender Publizist, Autor, Moderator und Schauspieler. Über die Region Garmisch hat er zudem einen Erzählband, Theaterstücke und Kabarettnummern verfasst. Er steht regelmäßig zwischen München und Mittenwald auf der Bühne und fühlt sich seiner Heimat als Bua ausm Werdenfelser Land sehr verbunden. www.andreasmbraeu.de

Lena Havek ist Literaturwissenschaftlerin, Grainauerin in 18. Generation und wollte nie Kinder – bis sie den besten zukünftigen Papa der Welt traf. Seither hat sie ganze sechs Paar Wanderstiefel vor der Tür stehen und weiß genau, wie schwierig es sein kann, widerspenstige Wichtel vor selbige zu locken. Außer Wanderführern schreibt sie auch Kinderbücher, Rätselspiele und journalistische Beiträge zur Heimatgeschichte. www.instagram.com/lena.havek

Anhang

Literaturnachweis

Arrowsmith, Nancy und Moorse, George: A Field Guide to the Little People. A delightfully eccentric and succinct guide to some 80 elves, goblins, dwarves and some other unorthodox adjuncts to the landscape, London 1978

Brunner, Barbara: Bayerische Sagen. Die eiserne Kette um München, Band 1, München 1958

Bräu, Andreas M.: Kulinarische Geschichten aus dem Werdenfelser Land, Erfurt 2014

Ders.: Streifzüge durchs Werdenfelser Land, Meßkirch 2015

Ders.: Lieblingsplätze in und um Garmisch-Partenkirchen herum, Meßkirch 2021

Bader, Josef: Gschichten vom Wildern im Loisach-, Isar- und Ammertal, München 2022

Freisauff, R. von: Salzburger Volkssagen, Band 2, Wien / Leipzig 1880

Großmann, Paul: Kochelsee – Walchensee – Jachenau – Lenggries – Bad Tölz. München o.J. (nach 1973)

Hummel, Karl-Heinz: Wassersagen aus Bayern, München 2019

Leoprechting, Karl von: Bauernbrauch und Volksglaube in Oberbayern, München 1975

Meider, Herbert / Stoltefaut, Franz: Mittenwald, Krün, Wallgau, Hamburg 2004

Pause, Walter: Münchner Hausberge, München 1965

Petzold, Leander: Sagen aus Salzburg, München 1993

Pfister, Peter (Hrsg.): Ein Segen für das Land. Der heilige Korbinian, Bischof in Freising, München 1999

Pirker, Dr. Max: Alpensagen, Leipzig 1917

Praxmarer, Mario / Adam, Peter: König Ludwig II. In der Bergeinsamkeit von Bayern & Tirol. Bergresidenzen, Schlösser, Begegnungen, Krise, mysteriöser Tod, 2002

Rattelmüller, Paul Ernst: Bewahrtes Brauchtum. Bilddokumente der Heimatpflege in Oberbayern, München 1989

Rehm, Adolf / Rehm, Hildegard: Lebendiges Brauchtum in Werdenfels, Garmisch-Partenkirchen 1993

Sazenhofen, Carl-Josef von et al.: Lenggries. Ein Streifzug durch Vergangenheit und Gegenwart, Lenggries 1984

Schinzel-Penth, Gisela: Sagen und Legenden um Tölzer Land und Isarwinkel, Frieding 2006

Schmidt, Willibald: Sagen aus dem Isarwinkel, Bad Tölz 1936

Thoma, Ludwig: Alle Lausbubengeschichten, Ditzingen 2020

Oelkers, Gerhard: Unsere Almen, Band II. Im Landkreis Garmisch-Partenkirchen, München 2012

Ostler, Jakob: Isarwinkler G'schichten, Bad Tölz 1969

Zeitungen / Magazine

Bauer, Rosi: Als Corona die Hand über Gaißach hielt. Eine Spurensuche. In: Münchner Merkur, 10. April 2020

Hornsteiner, Josef: Die weltberühmte Obama-Bank – und ihre Macher. In: Münchner Merkur, 22. Juli 2015

Schieder, Klaus: Erinnerungen an das Dorf am Seegrund. In: Münchner Merkur, 13. Dezember 2015

Schneider, Petra: 17 Meter bis zur Berühmtheit. Die Sylvensteinbrücke ist ein Internet-Star. In: Süddeutsche Zeitung, 12. Oktober 2021

Schulz, Martina: O schaurig ist's, übers Moor zu gehen. In: Süddeutsche Zeitung, 10. Januar 2017

Unsere Isar. Das Magazin für Bayerns Lebensader

Bildnachweis

alamy: S. 142, 166, 168, 190

Alpenbahnen Spitzingsee: S. 22 (Foto: Dietmar Denger)

Alpenwelt Karwendel: S. 88 (Foto: Philipp Gülland)

Angerer, Viktoria: 24, 55

Barretta, Uschi: S. 101

Bezirk Oberbayern, Archiv Freilichtmuseum Glentleiten: S. 116 unten, Übersichtsplan, 119 oben (Foto: Ehn), 119 unten (Foto: Tunger), 120 (Foto: Bäck), 122 (Foto: Tunger)

erlebe Bayern: S. 8 (Foto: Gert Krautbauer), 14 (Foto: Bernhard Huber), 48 (Foto: Gregor Lengler)

pixabay: S. 174/175, 176, 188, 210

Privatarchiv Bräu: S. 23, 29, 36, 42, 40, 46, 94, 95, 96, 100, 114, 117, 123, 215, 218

Privatarchiv Havek: S. 27, 32, 37, 60, 62, 63, 65 (2x), 66 (2x), 69, 70, 73, 75, 76, 79, 80, 82, 85 (2x), 91, 104, 107, 129, 134, 137, 138 (2x), 147 (2x), 148, 153, 154, 157, 158, 165, 187, 195, 200, 202, 205 (2x), 206, 209, 213, 221, 222, 228, 229, 232

Wasserwerkstatt Bamberg: S. 198

wikipedia, gemeinfrei unter CC BY-SA 3.0: S. 38, 92, 124, 144

Auftaktbilder zu Ausflugsbeginn

S. 8: Isarnixen-Kindergarten bei Mittenwald
S. 14: Mittenwald mit der »4« der Viererspitz ganz links oben
S. 28: Zum Dahinbrettern: die Bodenalm
S. 38: Canyoning für Geister in der Leutaschklamm
S. 48: Griabig unterwegs auf dem Grubsee
S. 60: Traumauswahl am Kiosk vom Krüner Flößerspielplatz
S. 70: Finzbach-Nixe auf Stein bei Wallgau
S. 82: Ein Männlein sitzt im Walde bei der Auhütte
S. 92: Blick auf das Flößerparadies: Isarbrücke bei Krün
S. 104: Kuckuck, Bachstelze! Wurzelfenster bei Vorderriß
S. 114: Apfelstarker Ausblick von der Glentleiten
S. 124: Schatzsucher-Rastplatz hoch über dem Kochelsee
S. 134: Lieber Gras als Felsen: Schlehdorfer Schafe sind Genießer
S. 144: Steinmanndl im Kiesbett
S. 154: Paraglider über St. Jakob, Lenggries
S. 166: Der Kater kann's: Tigern durch Jachenau
S. 176: Bequem hinauf zum Herzogstand
S. 188: Prima Isarnixen-Versteck: Schilfgras
S. 200: Schön schaurig: Rundweg um den alten Schlossteich
S. 210: Schwimmende Prügel in Sicht? Blick über Tölz
S. 222: Da kommt Moorlust auf: bei Ellbach

Danke ...

... sagen wir an die Gemeindebücherei Grainau und das Gästehaus »Sonnleit'n« in Lenggries für die prima Arbeitsbedingungen und Recherche-Schützenhilfe.

Unser besonderer Dank gilt unseren Fotomodellen, Wanderbegleitern, Wegbekanntschaften und Spuktestern und nicht zuletzt Lenas vier eigenen Kindern, die mit uns die Touren durchcheckten und sich vor jedem gewünschten Panorama bereitwillig in Pose schmissen (okay, es flossen so einige Kugeln Eis zu Bestechungszwecken die Isar hinunter ...).

Rein zufällig waren es sogar sieben Zwerge: Leo (11), Arthur (10), Markus (9), Ada und Juliane (beide 8), Konstantin (5) und Johann (3). Und wie sich das bei einem märchenhaften Mehrgenerationen-Projekt gehört, haben als gute Feen auch die Mamas der Autoren mitgewirkt. Danke, Rita und Gabi!

Weitere spannende Ausflüge

Zwergenspuk im Zugspitz-Land

15 sagenhafte Familienausflüge

Uralte Sagen aus dem Zugspitz-Land werden verknüpft mit ihren Entstehungsorten und so direkt begehbar gemacht. Die hier vorgestellten Ausflüge für Familien sind kraxentauglich, erfordern keine große Kondition und bieten jede Menge Unterhaltungspotenzial am Wegesrand. Das sozusagen »im Vorbeigehen« vermittelte Wissen kommt immer auch mit einem Augenzwinkern daher.

204 S., Flexcover, ISBN 978-3-96233-269-3

Entlang der Isar

»Entlang der Isar« lädt seine Leserinnen und Leser zu einer Isarfahrt der ganz besonderen Art ein: Rad- und Wanderausflüge auf den historischen Spuren der Flößer. Nebenbei erzählt die Autorin Gabriele Rüth die Geschichte des fast 300 Kilometer langen Flusses.
Ausflugstipps sowie reichliches Bildmaterial zu den malerischen Ufern und landschaftlichen Juwelen der Isartäler bereichern die historischen Eindrücke. Ein individueller Reiseführer zum gemütlichen Schmökern oder als perfekter Begleitband für Fahrradtouren, Kurzurlaube oder Ausflüge.

Band 1: Von Scharnitz bis München-Thalkirchen –
Ausflüge auf den Spuren der Flößer

144 S., Klappenbroschur, ISBN 978-3-86906-687-5

Band 2: Von München bis Deggendorf –
Ausflüge auf den Spuren der Flößer

120 S., Klappenbroschur, ISBN 978-3-96233-265-5

Im Traunsteiner Land

Entdeckungsorte für Neugierige

Unterwegs sein ohne großen Reisestress, gelassen und mehr so ins Blaue hinein, diese Art der Bewegung erlebt gerade einen Boom. Im Landkreis Traunstein ist die Vielfalt für solche Landpartien, ob zu Fuß oder mit dem Radl, richtig groß. Das Autorenduo hat das Traunsteiner Land auf diese Weise seit Jahren durchstreift, von den Chiemgauer Bergen bis zum Rupertiwinkel, mit oder ohne Radl, immer neugierig und mit einem Sinn für überraschende Details.

192 S., Klappenbroschur, ISBN 978-3-96233-310-2